ड्राफ्ट्समन मेकॅनिकल हिंन्दी MCQ

मनोज डोळे

डिजिटाइजेशन समय की मांग है। भविष्य में, प्रशिक्षण को अधिक सुविधाजनक और आसान बनाने के लिए ऑनलाइन इंटरनेट का उपयोग करके औद्योगिक प्रशिक्षण संस्थानों में प्रशिक्षण आयोजित करने की आवश्यकता होगी। एमसीक्यू प्रश्नों के एक सेट वाली ई-पुस्तकें प्रशिक्षुओं को उपलब्ध कराई जाएंगी क्योंकि उन्हें अपने औद्योगिक प्रशिक्षण संस्थानों में होने वाली ऑनलाइन परीक्षाओं की तैयारी के लिए बहुविकल्पीय प्रश्नों एमसीक्यू के अधिक आदी होने की आवश्यकता है।

इन सब बातों को ध्यान में रखते हुए औद्योगिक प्रशिक्षण संस्थान सतारा के प्रशिक्षक श्री मनोज मधुकर डोले ने नई वार्षिक प्रणाली और एनएसक्यूएफ-5 पाठ्यक्रम के अनुसार पुस्तकें लिखी हैं। और उन्होंने प्रशिक्षण को आसान बनाने के लिए सैद्धांतिक मोबाइल ऐप और ब्लॉग बनाए हैं, और इन सभी शैक्षिक सामग्री को विश्व प्रसिद्ध वेबसाइटों Google Play Store, Amazon और Apple Book Store पर डाउनलोड के लिए उपलब्ध कराया है।

पुस्तकों का प्रकाशन माननीय सहसंचालक श्री राजेंद्र घुमे साहेब प्रादेशिक व्यावसायिक शिक्षण व प्रशिक्षण कार्यालय, पुणे द्वारा दिनांक 9/1/2019 को किया गया, इस समय श्री प्रकाश सहगवकर साहब प्राचार्य शासकीय औद्योगिक प्रशिक्षण संस्थान औंध पुणे, श्री तुकाराम मिसाल साहेब प्राचार्य सरकार प्र. संस्था सतारा, श्री सचिन धूमल साहब जिला व्यावसायिक शिक्षा एवं प्रशिक्षण अधिकारी सतारा, श्री यतिन परगांवकर साहब प्राचार्य शासन. Q. संस्था कोल्हापुर, श्री विकास टेक साहब इंस्पेक्टर वोकेशनल एजुकेशन एंड ट्रेनिंग रीजनल ऑफिस पुणे, पालेकर फूड्स प्रोडक्ट्स प्रा. लि. सतारा के उद्यमी अध्यक्ष श्री नीलकंठराव पालेकर साहब, हीरा फूड्स के अध्यक्ष श्री इब्राहिम बाबा तंबोली साहब, श्रीमती शाल्मली पवार मुख्याध्यापिका शासकीय तकनीकी विद्यालय केंद्र सतारा सहित अन्य गणमान्य व्यक्ति इस अवसर पर उपस्थित थे।

क्रम-सूची

प्रस्तावना vii

भूमिका ix

पावती (स्वीकृति) xi

आमुख xiii

1. ड्राफ्ट्समन मेकॅनिकल हिंन्दी Mcq Drawing 1
2. ड्राफ्ट्समन मेकॅनिकल हिंन्दी Mcq 38

प्रस्तावना

ड्राफ्ट्समन मेकॅनिकल हिंन्दी MCQ आईटीआई इंजीनियरिंग कोर्स के लिए एक सरल ई-बुक है, 2022 में संशोधित एनएसक्यू एफ -5 सिलेबस , ड्राफ्ट्समैन मैकेनिकल। इसमें रेखांकित और बोल्ड सही उत्तरों के साथ वस्तुनिष्ठ प्रश्न शामिल हैं, एमसीक्यू में सभी विषयों को शामिल किया गया है, जिसमें ड्राइंग इंस्ट्रूमेंट्स का उपयोग करके ज्यामितीय आंकड़ों के बारे में सभी नवीनतम और महत्वपूर्ण, मशीन के घटकों को सही अनुपात में फ्रीहैंड ड्राइंग, बीआईएस मानक के अनुसार ड्राइंग शीट तैयार करने की प्रक्रिया, के बारे में सीखना शामिल है। प्रक्षेपण के तरीके, सहायक विचार और अनुभाग दृश्य। लेटरिंग, टॉलरेंस, मेट्रिक कंस्ट्रक्शन, टेक्निकल स्केचिंग और ऑर्थोग्राफिक प्रोजेक्शन, आइसोमेट्रिक ड्रॉइंग, ओब्लिक और पर्सपेक्टिव प्रोजेक्शन, फास्टनर, वेल्ड और लॉकिंग डिवाइस, संबद्ध ट्रेडों पर प्रशिक्षण। फिटर, टर्नर, मशीनिस्ट, शीट मेटल वर्कर, वेल्डर, फाउंड्री मैन, इलेक्ट्रीशियन और मेंटेनेंस मोटर व्हीकल, OSH&E, PPE, फायर एक्सटिंगुइशर, फर्स्ट एड और इसके अलावा 5S, पुली, पाइप फिटिंग्स, गियर्स और कैम्स, 3D मॉडलिंग स्पेस और जनरेट व्यूज , .dwg और.pdf प्रारूप में प्लॉट करने के लिए प्रिंट पूर्वावलोकन, सॉलिड वर्क्स / ऑटो CAD आविष्कारक / 3D मॉडलिंग, आयामों के साथ मशीन के पुर्जे, एनोटेशन, शीर्षक ब्लॉक और सामग्री का बिल और बहुत कुछ।

हम प्रत्येक नए संस्करण के साथ नए प्रश्न उत्तर जोड़ते हैं। किसी भी त्रुटि/चूक के मामले में कृपया हमें ईमेल करें। यह यकीनन सभी इंजीनियरिंग बहुविकल्पीय प्रश्नों और उत्तरों के लिए सबसे बड़ी और सर्वश्रेष्ठ ई-बुक है।

एक छात्र के रूप में आप इसे अपनी परीक्षा की तैयारी के लिए उपयोग कर सकते हैं। यह ई-पुस्तक प्रोफेसरों के लिए सामग्री को ताज़ा करने के लिए भी उपयोगी है।

भूमिका

डीजीईटी नई दिल्ली और सीएसटीएआरआई कोलकाता अगस्त 2018 सत्र से आईटीआई में सभी व्यवसायों के लिए एक वार्षिक पैटर्न लागू कर रहे हैं। परीक्षा प्रणाली में भी बदलाव किया जाएगा और यह इस साल से ऑनलाइन हो जाएगी और चूंकि सभी प्रश्न वस्तुनिष्ठ प्रकार (एमसीक्यू) के हैं, इसलिए प्रशिक्षुओं को गहन अध्ययन की सख्त जरूरत है। इसे ध्यान में रखते हुए हमें पुराने NIMI पैटर्न पर आधारित पुस्तकें और नए वार्षिक पैटर्न का संपूर्ण अवलोकन प्रस्तुत करते हुए प्रसन्नता हो रही है, और हम आशा करते हैं कि ये पुस्तकें सभी व्यावसायिक निदेशकों और प्रशिक्षुओं के लिए एक मार्गदर्शक होंगी। है।

इन पुस्तकों को लिखने के लिए आईटीआई अकलुज के प्राचार्य जोहर अवाटे साहब ने कहा। आईटीआई सतारा सहगवकर साहब के पूर्व प्राचार्य, सहायक निदेशक श्री चंद्रकांत ढेकने साहेब क्षेत्रीय व्यावसायिक शिक्षा एवं प्रशिक्षण कार्यालय, पुणे, जिला व्यावसायिक शिक्षा एवं प्रशिक्षण अधिकारी सचिन धूमल साहेब एवं प्रधानाध्यापक शासकीय तकनीकी विद्यालय केन्द्र शाल्मली पवार मैडम एवं पुत्र अधिराज डोले, माता कुसुम डोले , मैं अपने पिता मधुकर डोले और पत्नी अश्विनी डोले को समय-समय पर उनके विशेष मार्गदर्शन और सहयोग के लिए बहुत आभारी हूं।

साथ ही, बहुत ही कम समय में श्री राजेन्द्र घुमे साहेब, संयुक्त निदेशक, व्यावसायिक शिक्षा और प्रशिक्षण क्षेत्रीय कार्यालय, पुणे द्वारा पुस्तक के प्रकाशन में उनके अमूल्य समय के लिए पुस्तक की समीक्षा की गई। मैं उनकी प्रतिक्रिया के लिए हृदय से आभारी हूँ।

पुस्तक लिखने की शुरुआत से ही निरंतर समर्थन के लिए मैं आईटीआई सतारा के प्रशिक्षक का आभारी हूं।

इस पुस्तक से, मैं खुद को धन्य मानता हूं कि मैंने आपके साथ ई-लर्निंग पर अपने विचार साझा किए। मैं यह दावा नहीं करूंगा कि यह पुस्तक पूर्ण है, क्योंकि पूर्णता को देखते हुए यह पुस्तक एक प्रयास है और अपनी शैशवावस्था में है। यदि उनका परीक्षण और सुझाव दिया जाए तो वे सुधार के लिए मूल्यवान होंगे।

मनोज डोले

दिनांक 9/1/2019

पावती (स्वीकृति)

21वीं सदी में औद्योगिक क्षेत्र में तेजी से बढ़ती मांग के अनुरूप बहु-कुशल कारीगरों की आपूर्ति के लिए व्यावसायिक शिक्षा और प्रशिक्षण विभाग के माध्यम से व्यावसायिक शिक्षा और प्रशिक्षण विभाग के माध्यम से व्यावसायिक शिक्षा और प्रशिक्षण प्रदान किया जाता है। संस्थानों के भीतर सभी व्यवसाय महत्वपूर्ण हैं, क्योंकि इन व्यवसायों के प्रशिक्षु उद्योग की मांगों के अनुसार बहु-कौशल विकसित करते हैं।

सभी व्यवसायों के लिए उपयुक्त एमसीक्यू ई-पुस्तकें उपलब्ध कराने के नेक इरादे से, यह देखते हुए कि औद्योगिक क्षेत्र के सभी उद्योगों में सभी परीक्षाएं ऑनलाइन आयोजित की जाती हैं और इसमें एमसीक्यू पद्धति के प्रश्न शामिल होते हैं। श्री मनोज मधुकर डोले ने नए वार्षिक पाठ्यक्रम के अनुसार एमसीक्यू पद्धति पर एक बहुत अच्छी ई-बुक लिखी है। यह ई-पुस्तक निश्चित रूप से सभी प्रशिक्षुओं, प्रशिक्षु उम्मीदवारों, प्रशिक्षण प्रशिक्षकों और अन्य संबंधितों के लिए एक मार्गदर्शक होगी।

पुस्तक के लेखक श्री मनोज मधुकर डोले, इंस्ट्रक्टर गॉव आईटीआई सतारा को 17 साल का प्रशिक्षण अनुभव है। एक नए वार्षिक पैटर्न के रूप में लिखी गई, यह ई-बुक प्रत्येक विषय के लिए लेआउट, सरल भाषा और सरल सिंटैक्स, आरेख और वीडियो को समझने के लिए आधुनिक डिजिटल क्यूआर कोड तकनीक को शामिल करती है। इसलिए मुझे विश्वास है कि यह ई-पुस्तक निश्चित रूप से गहन अध्ययन और परीक्षा अभ्यास के लिए उपयोगी होगी। उन्होंने जो कार्य किया है वह निश्चित रूप से काबिले तारीफ है।

श्री तुकाराम मिसाल

प्राचार्य शासकीय औद्योगिक प्रशिक्षण संस्था सातारा.

आमुख

हमारे औद्योगिक प्रशिक्षण संस्थानों की औद्योगिक प्रशिक्षण और सैद्धांतिक परीक्षा प्रणाली और इन परिवर्तनों को शिल्प प्रशिक्षकों और प्रशिक्षुओं द्वारा स्वीकार किया गया है। आपके औद्योगिक प्रशिक्षण संस्थानों में आयोजित सैद्धांतिक परीक्षाएं भी ऑनलाइन आयोजित की जाती हैं। चूंकि ये परीक्षाएं बहुविकल्पीय एमसीक्यू पद्धति की हैं, इसलिए प्रशिक्षुओं को ऐसे प्रश्नों का अधिक अभ्यास करने की आवश्यकता होगी।

इन सब बातों को ध्यान में रखते हुए श्री मनोज मधुकर, निदेशक, डोले क्राफ्ट्स, कटारी औद्योगिक प्रशिक्षण संस्थान, सतारा, ने नई वार्षिक प्रणाली और NSQF-5 के अनुसार, गहन अध्ययन किया है और अपनी मेहनत से और अपनी गहरी बुद्धि को जोड़ा है। पाठ्यक्रम, कटारी और अन्य मशीन ट्रेडों की ई-बुक। -बुक) और उन्होंने प्रशिक्षण को आसान बनाने के लिए सैद्धांतिक विषयों पर मोबाइल ऐप और ब्लॉग बनाए हैं और इन सभी शैक्षिक सामग्री को विश्व प्रसिद्ध वेबसाइटों Google Play Store, Amazon और Apple Book Store पर डाउनलोड के लिए उपलब्ध कराया है। प्रिंट संस्करण बनाकर और क्यूआर कोड जैसी उन्नत तकनीकों का उपयोग करके प्रशिक्षण को आसान बना दिया गया है।

ये सभी शैक्षिक सामग्री निश्चित रूप से सभी प्रशिक्षुओं के लिए गहन अध्ययन के लिए और शिल्प प्रशिक्षकों और अन्य संबंधितों के लिए एक मार्गदर्शक होगी जो व्यावसायिक प्रशिक्षण प्रदान कर रहे हैं।

1

ड्राफ्ट्समन मेकॅनिकल हिन्दी MCQ Drawing

Online Test Exam
ITI Books
CNC Course
AutoCAD CAM
JOB & Apprentice
Online Theory
Computer Course
Trading Course
Web Designing
MSCIT Course
Shopping Business
Internet Business
Remotasks Course
Online Services
Top Sportsmans
Indian Army
Freedom Fighters
Top Scientists
Social Reformers
Motivational Speaker
Top Richest People
Join WhatsApp Group
Join Facebook Group
Like Facebook Page
PAN / Adhar / Licence
Passport

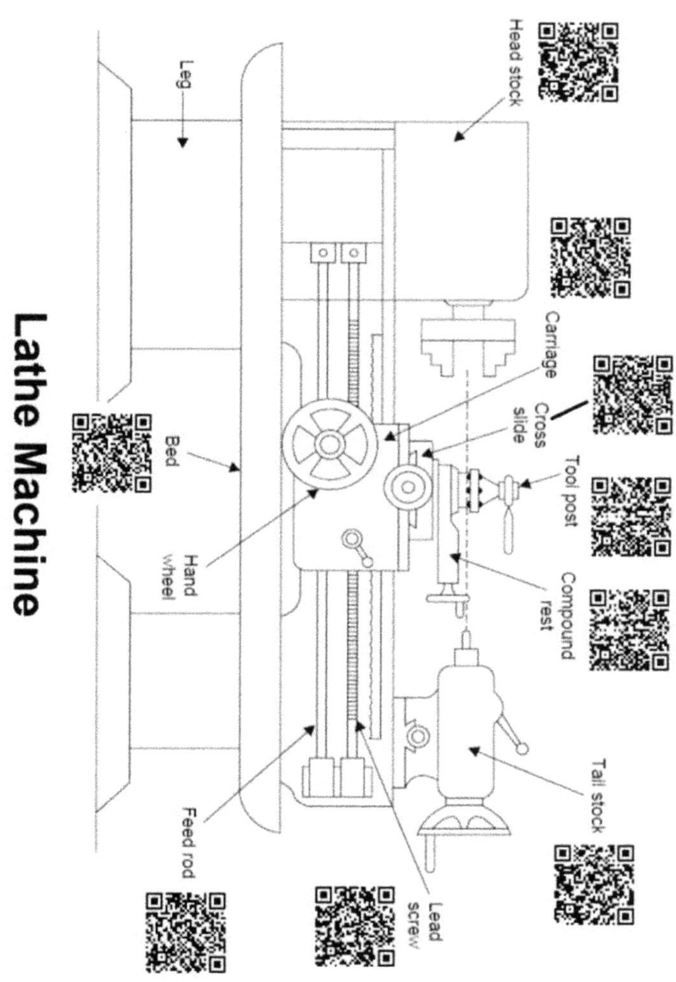
Head stock
Carriage
Cross slide
Tool post
Compound rest
Tail stock
Lead screw
Feed rod
Hand wheel
Bed
Leg
Lathe Machine

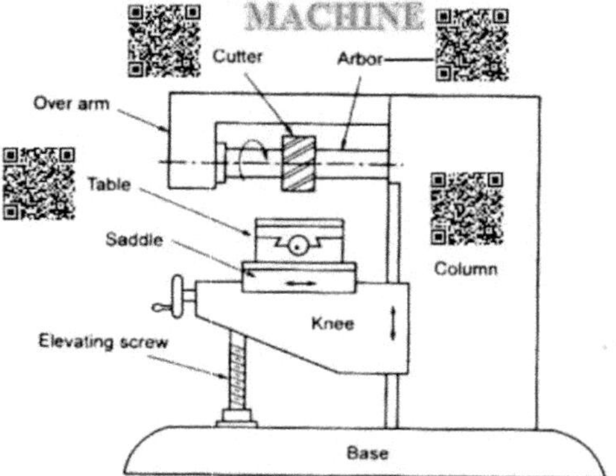
PLAIN OR HORIZONTAL MILLING MACHINE
Cutter
Arbor
Over arm
Table
Saddle
Column
Knee
Elevating screw
Base

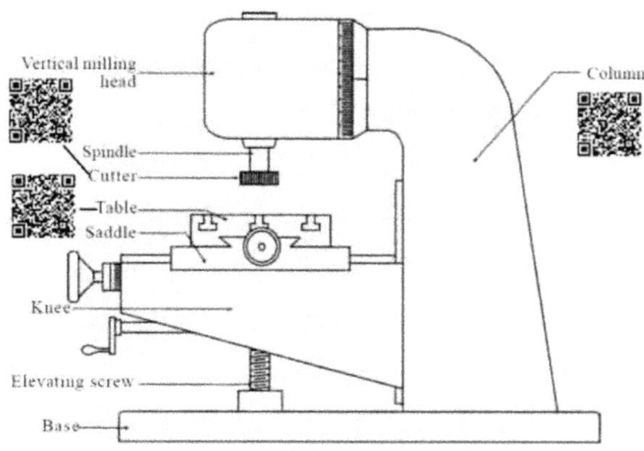

Vertical Milling Machine

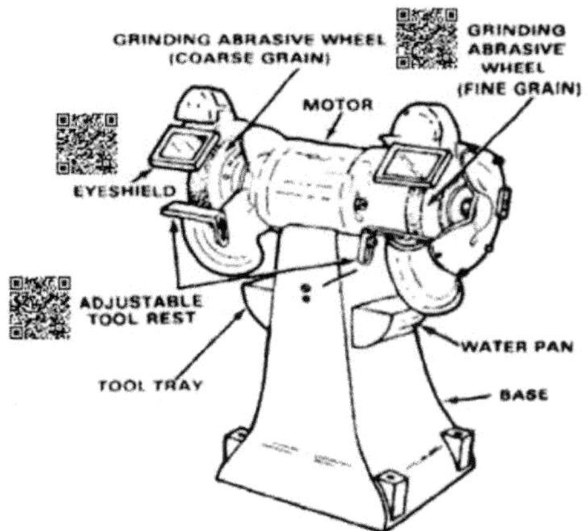

Pedastal Grinding Machine

DOUBLE HOUSING PLANER

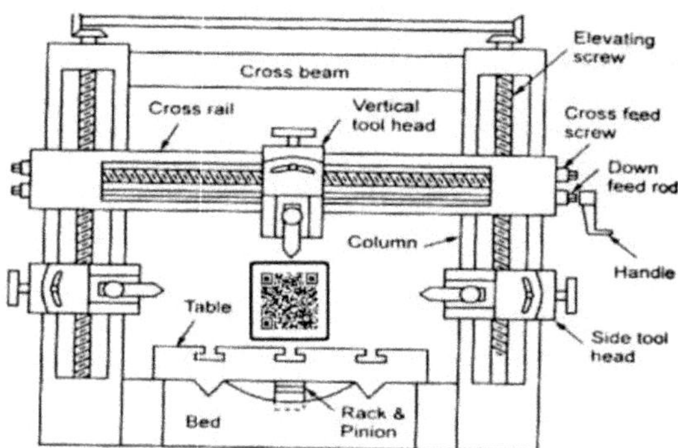

PIT PLANER

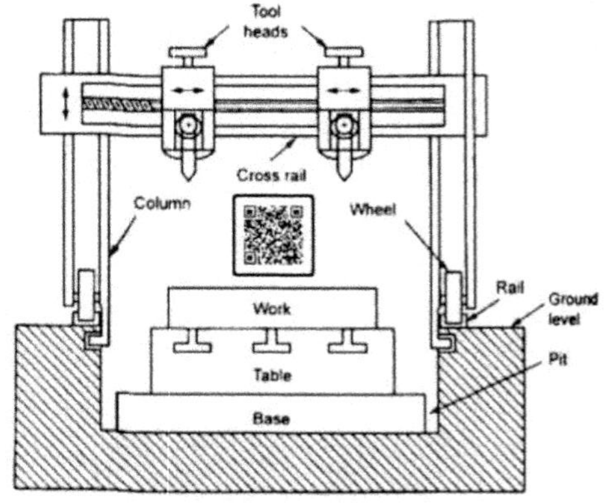

OPEN SIDE PLANER

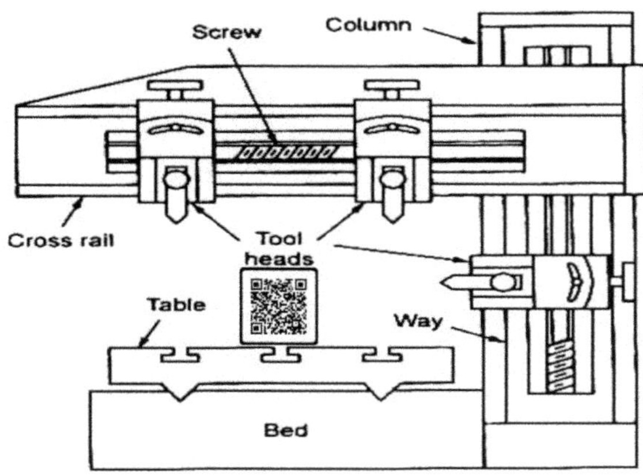

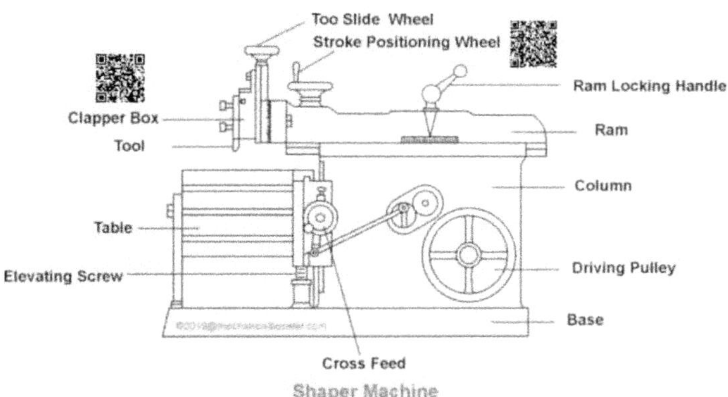

Shaper Machine

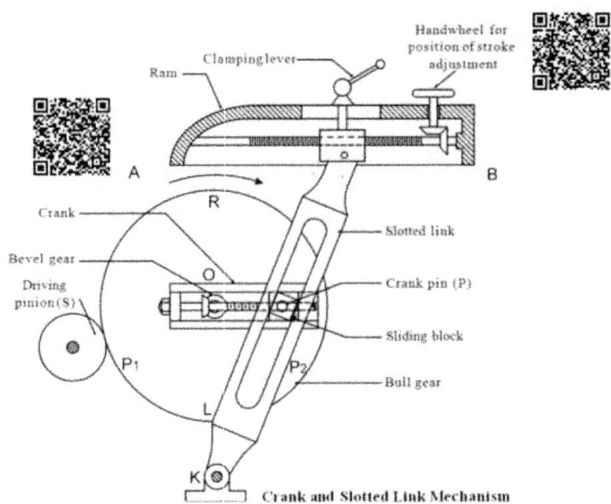

Quick Return Mechanism of Shaper Machine

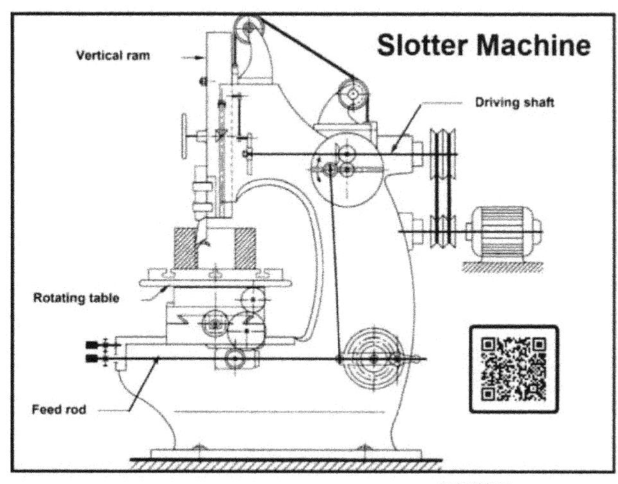

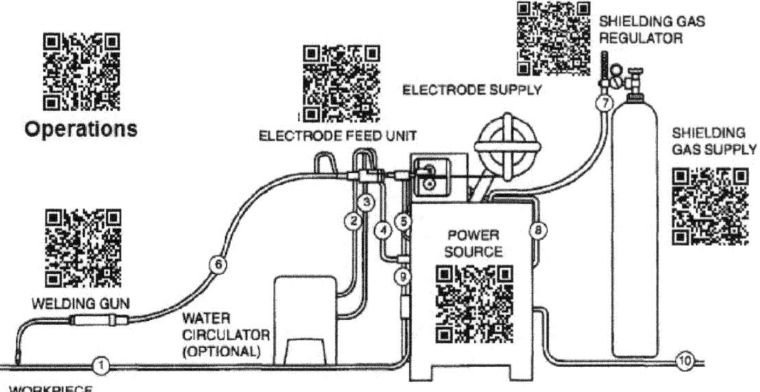

Gas Metal Arc Welding

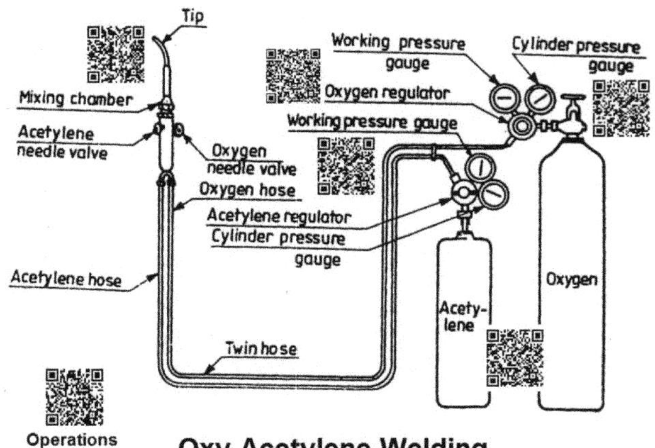

Oxy Acetylene Welding

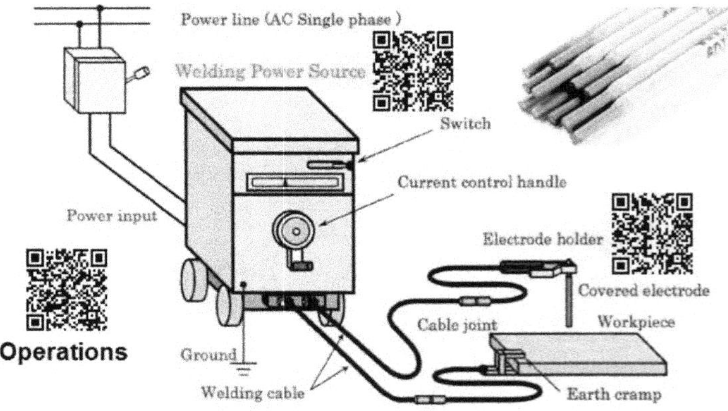

Shielded Metal Arc Welding

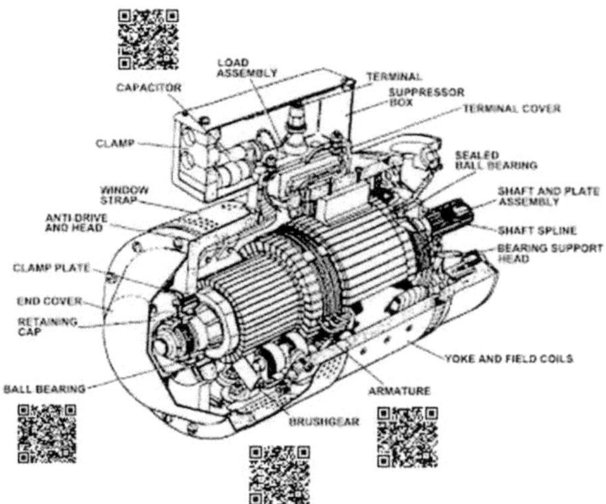

Electrical Generator

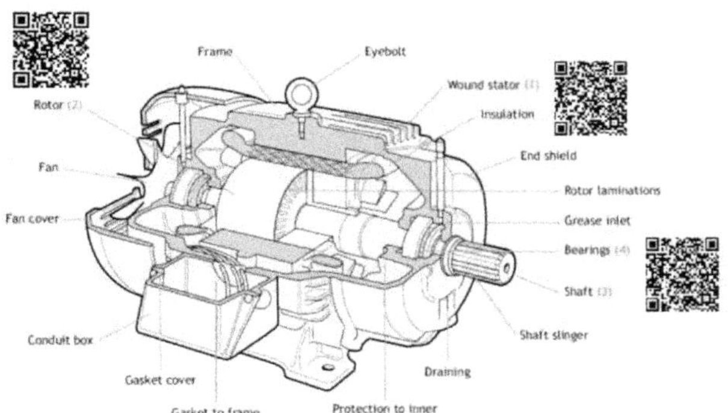

Electrical Induction Motor

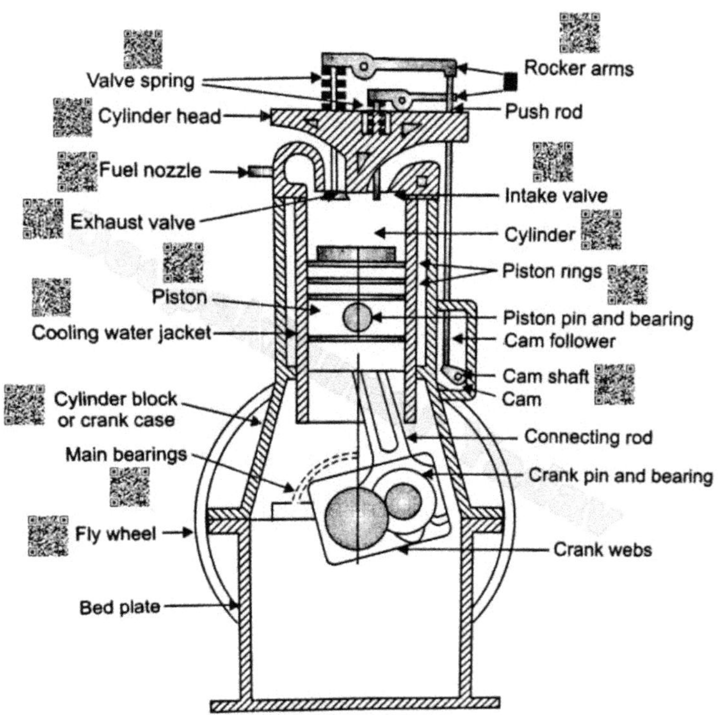

Components of Diesel Engine

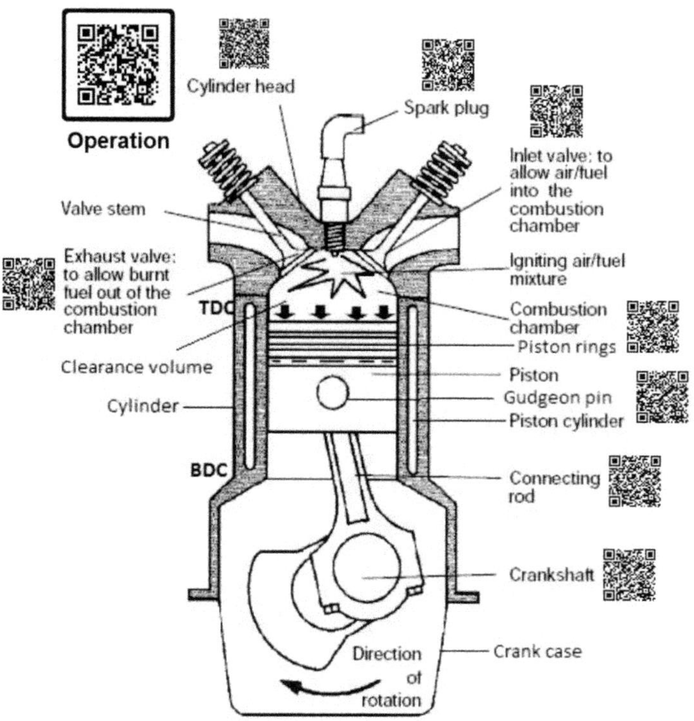

Petrol Engine Details

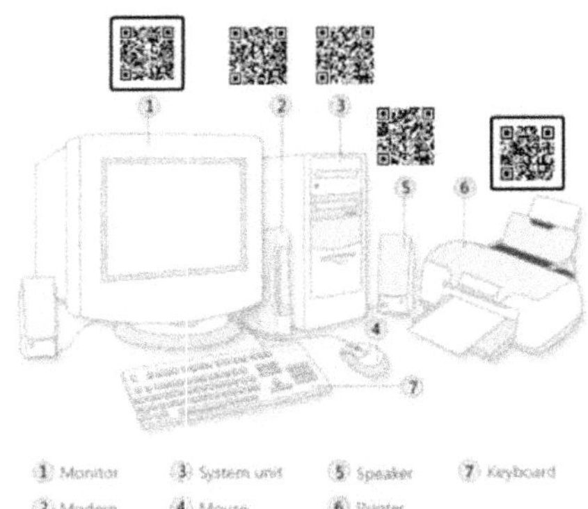
1 Monitor
3 System unit
5 Speaker
7 Keyboard
2 Modem
4 Mouse
6 Printer

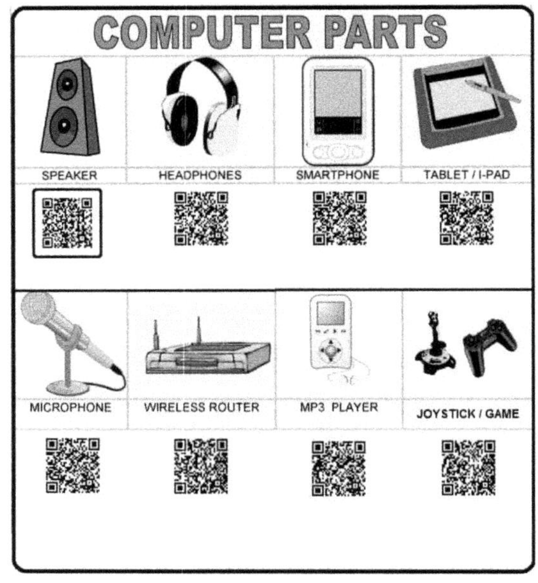
COMPUTER PARTS
SPEAKER
HEADPHONES
SMARTPHONE
TABLET / I-PAD
MICROPHONE
WIRELESS ROUTER
MP3 PLAYER
JOYSTICK / GAME

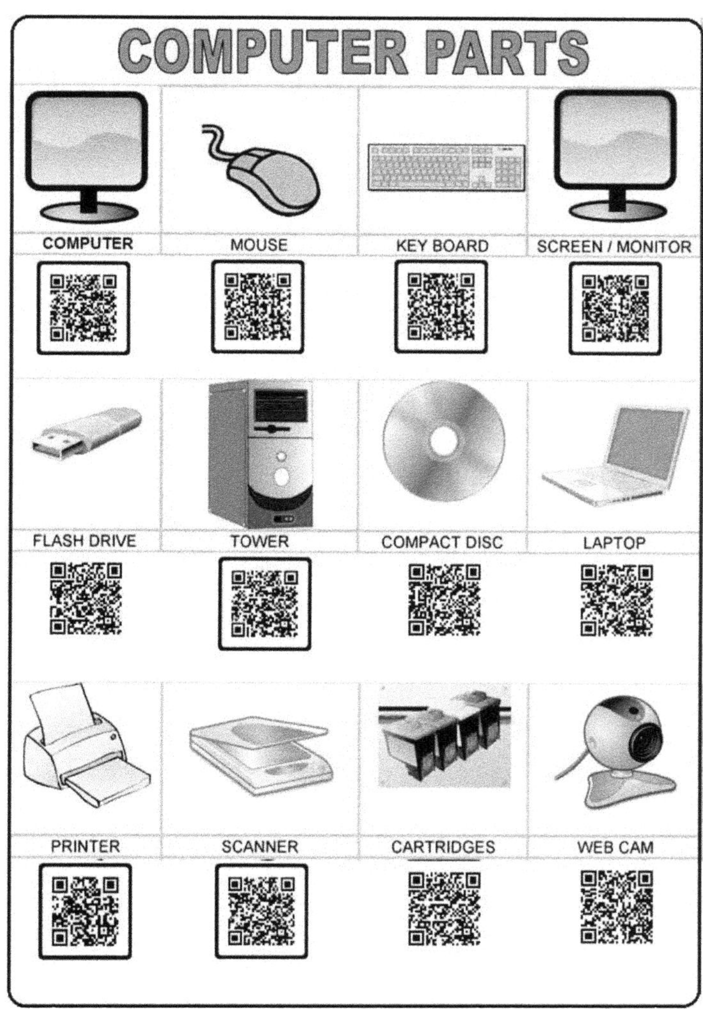
COMPUTER PARTS
COMPUTER
MOUSE
KEY BOARD
SCREEN / MONITOR
FLASH DRIVE
TOWER
COMPACT DISC
LAPTOP
PRINTER
SCANNER
CARTRIDGES
WEB CAM

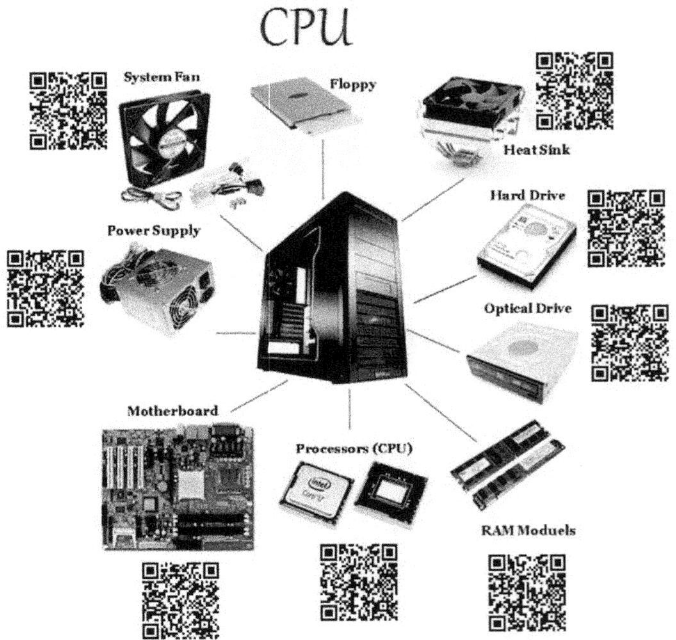

Computer CPU Hardware Components

Motherboard Hardware Components

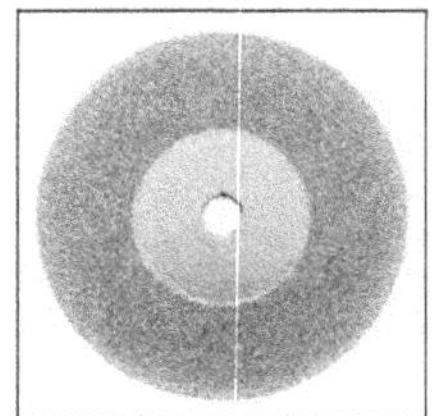

Grinding

Fire extinguisher

French curve in drawing

Set square in drawing

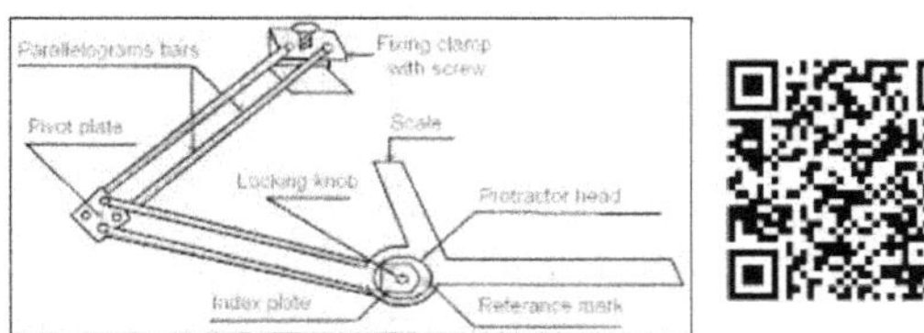

Mini drafter in drawing

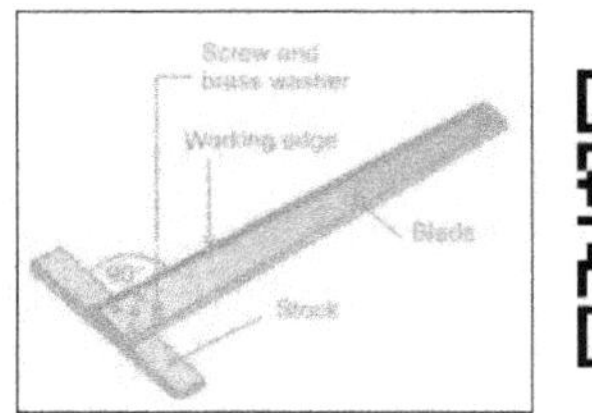

T - square in drawing

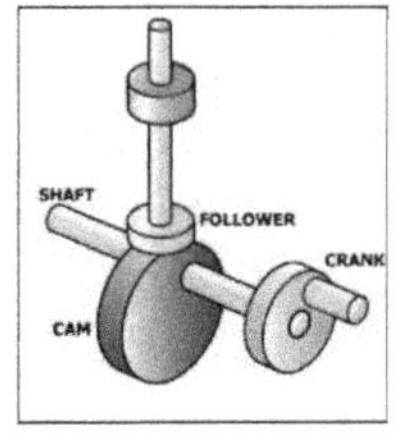

Cams in engine

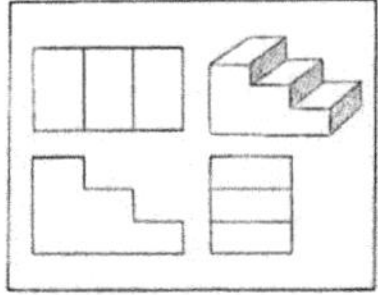

Orthographic projection in drawing

Third angle projection drawing

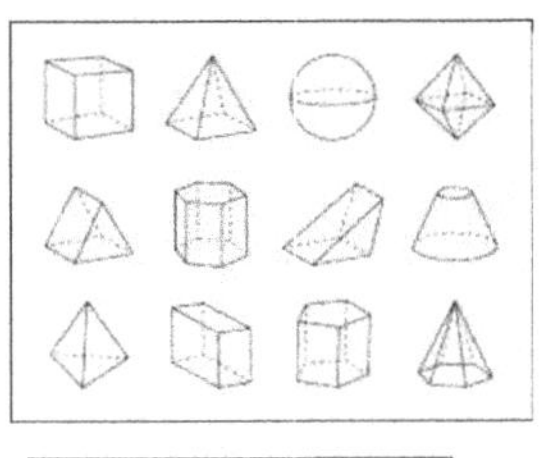

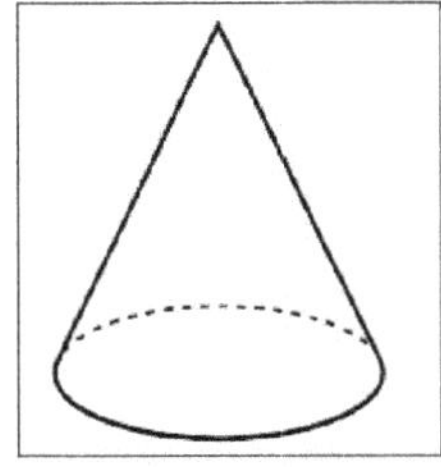

Cone in engineering drawing

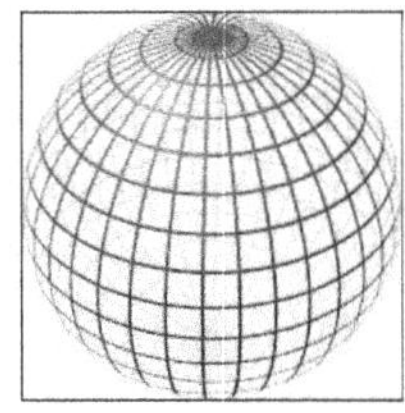

Sphere in drawing

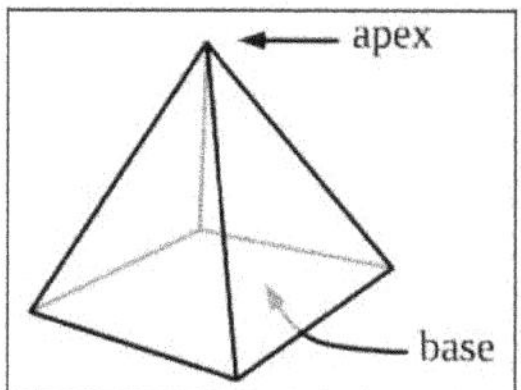

Pyramid drawing

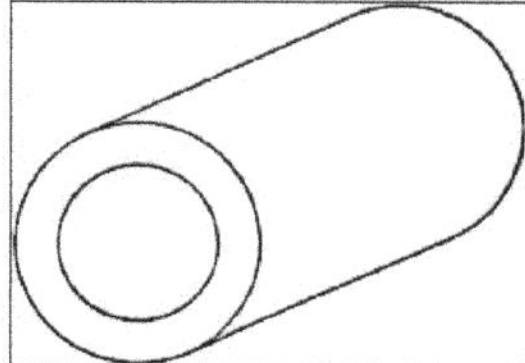

Cylinder in drawing

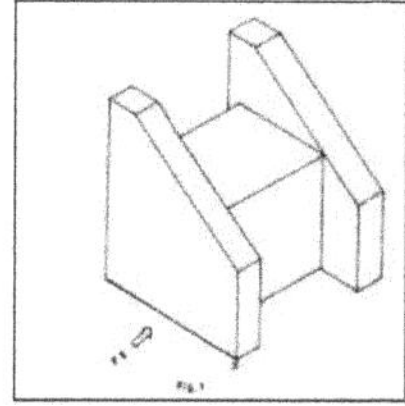

Isometric projections drawing

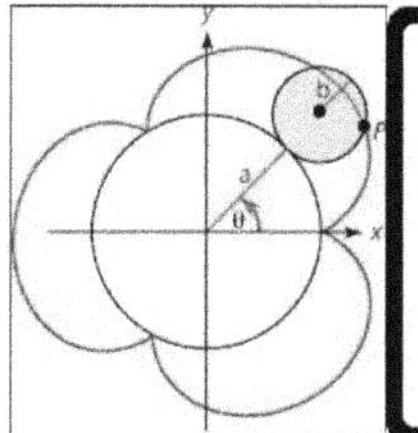

Curves engineering drawing

Sectional views in drawing

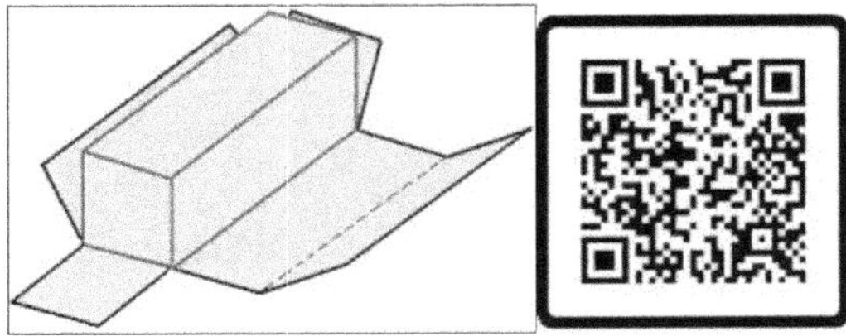

Development of surfaces in drawing

Hexagonal plane in drawing

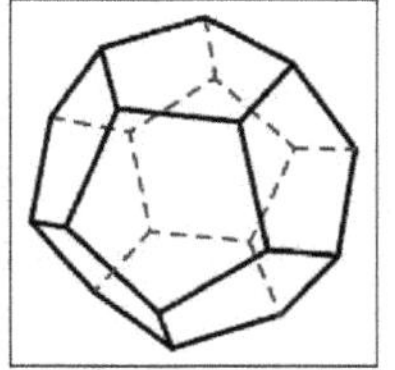

Polyhedron in drawing

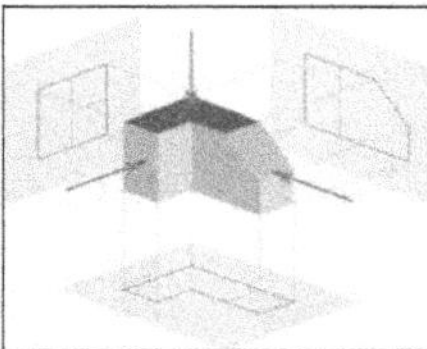

First Angle projection method in drawing

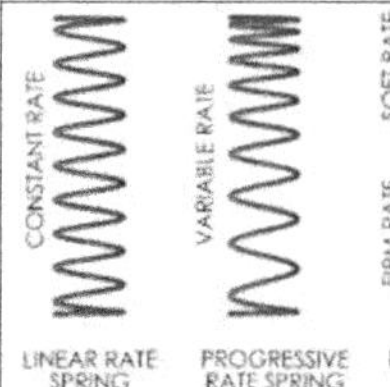

Springs in drawing

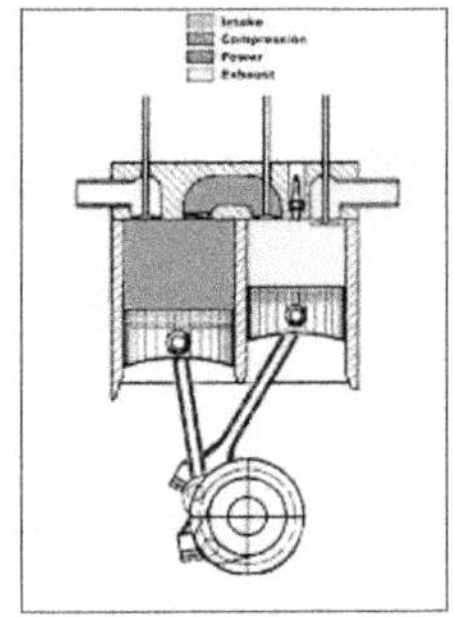

Engine in vehicle

Piston & rings in Engine

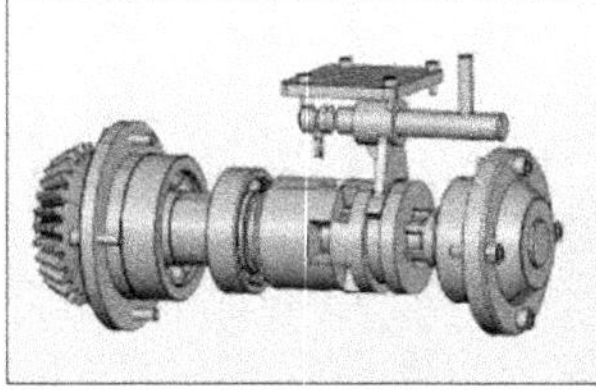

Dog clutches in vehicle

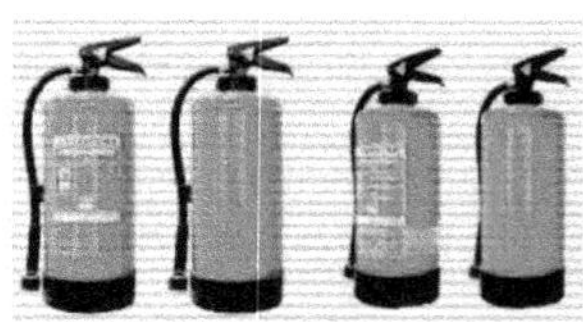

Fire extinguisher

Calliper

Hacksaw frame

Universal surface guage

Hammer

Centre punch

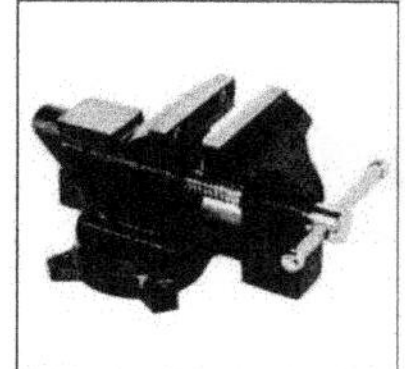

Bench vice

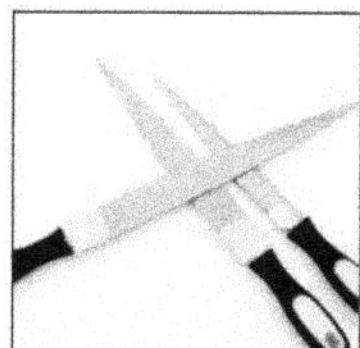

Files

Scraper

Surface Plate

Outside Micrometer

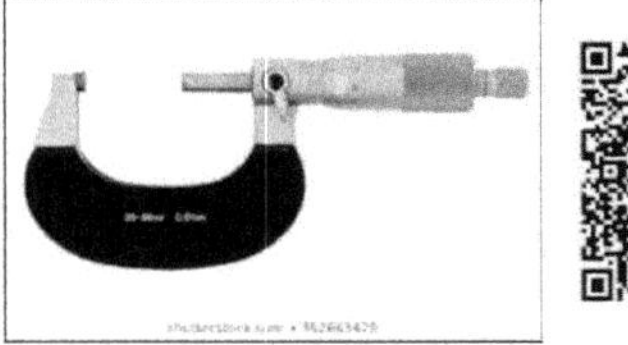

Micrometer

Depth micrometer

Vernier Calliper

Vernier bevel protractor

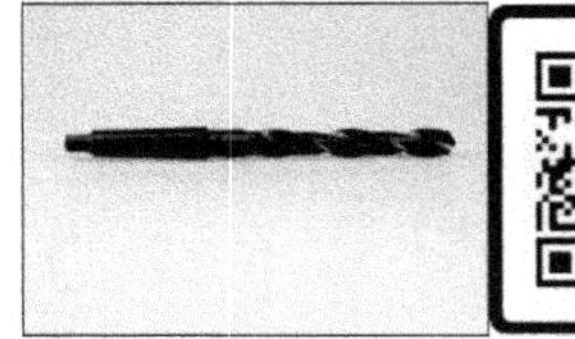

Drilling

Reamer

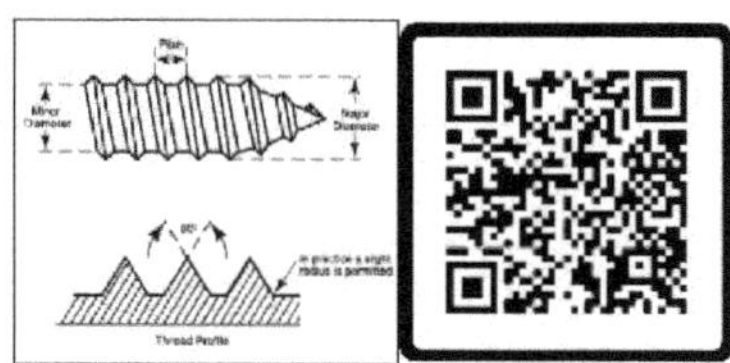

Thread

Tap Die

Grinding Wheel

Slip gauge

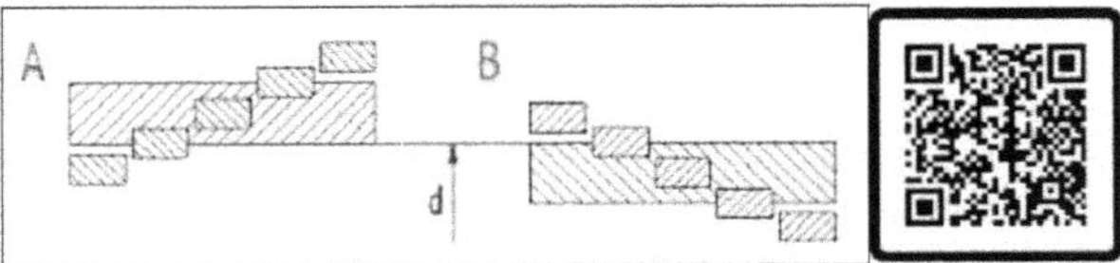

Limit fit tolerance

Lathe Machine

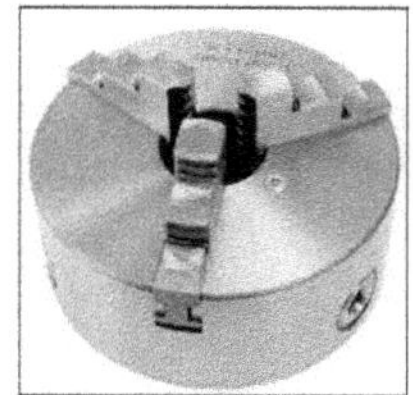

Lathe chuck

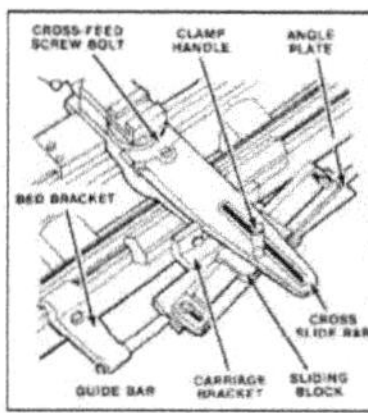

Taper turning attachment

taper ring gauge

screw pitch gauge

Gear

screw pitch gauge

Tap Die

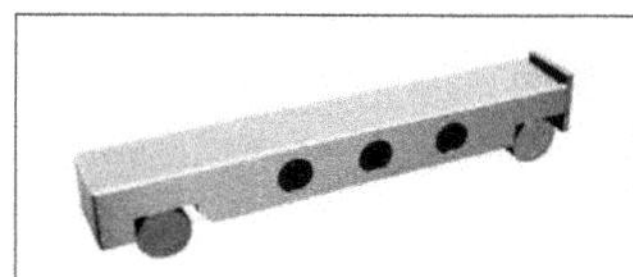

Sine bar

Slip gauge

Dial test indicator

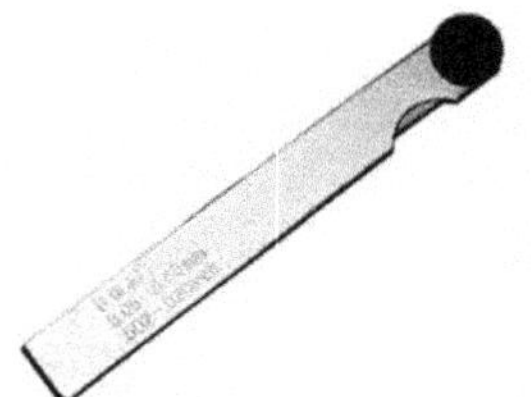

Telescopic gauge

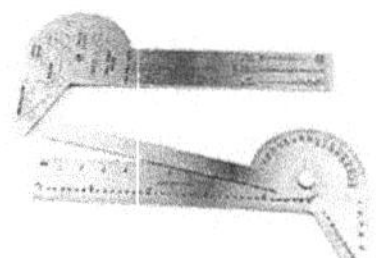

Feeler gauge

Centre gauge

Jig

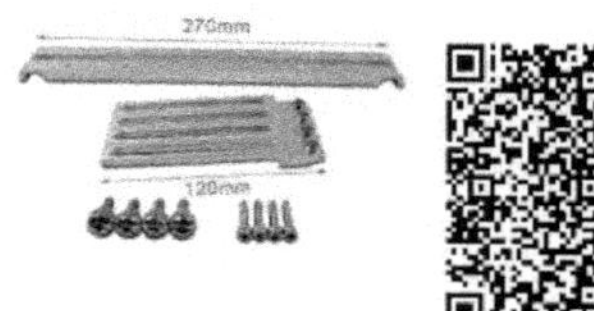

Fixture

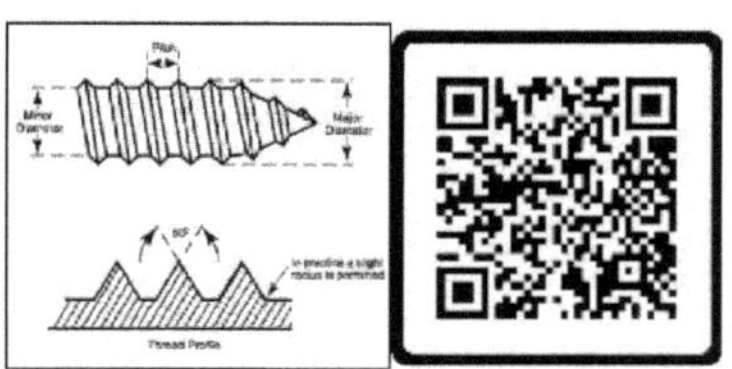

Thread

2

ड्राफ्ट्समन मेकॅनिकल हिंन्दी MCQ

1] रक्तस्राव के मामले में, उपचार करें .

डी] ठंडा 3" और आराम

<u>ए] ठंडेपानीकाछिड़कावकरें</u>

बी] तुरंत पट्टी -----।

बी] दुर्घटना विचार उपचार के बारे में पूछताछ

02] दुर्घटना की स्थिति में पीड़ित को

ए] आराम करने के लिए कहा

<u>सी] तुरंतभागलिया</u>

डी] उसे छोड़ दो

03] प्राथमिक रूप से घायल या बीमार व्यक्ति को प्राथमिक उपचार दिया जाता है....

ए] जीवन बचाओ

बी] मफ की और गिरावट को रोकें

सी] सर्वोत्तम संभव आराम दें

<u>डी] येसभी</u>

04] बेकार कागज को अलग करने के लिए डिब्बे का रंग कोड है -----

<u>ए] नीलारंग</u>

बी] पीला रंग

सी] लाल रंग

डी] हरा रंग

05] जापानी में Seiko का अर्थ -------------- होता है

<u>ए] शाइन</u>

बी] क्रमबद्ध करें

सी] मानकीकरण
डी] सस्टेनेबल
06] एसएस प्रणाली का लाभ है ------
ए] उत्पादकता में वृद्धि
बी] गुणवत्ता में वृद्धि
सी] समय की बर्बादी में कमी
डी] येसभी
07] सुरक्षा है -----------
ए] किसी का व्यवसाय नहीं
बी] हरबॉडीबिजनेस
सी] कुछ निकायों का व्यवसाय
डी] संगठन व्यवसाय
08] सुरक्षा संकेतों की बुनियादी श्रेणियों के लिए उपलब्ध हैं "निषेध" चिह्न का अर्थ ----
ए] दिखाताहैकियहनहींकियाजानाचाहिए
बी] दिखाता है कि क्या किया जाना चाहिए
सी] खतरे या खतरे की चेतावनी देता है
डी] सुरक्षा प्रावधान की जानकारी देता है
09] कौन सी वर्कशॉप सेफ्टी है?
ए] दुकानकेफर्शकोसाफऔरग्रीस, तेलयाअन्यफिसलनसामग्रीसेमुक्तरखें
बी] गति बदलने से पहले मशीन बंद करो
सी] फटे या चिपके हुए औजारों का प्रयोग न करें
D] चल रही मशीन को हाथ से रोकने की कोशिश न करें
10] पर्सनल प्रोटेक्ट इक्विपमेंट (PPE) में HELMET का उपयोग किया जाता है
ए] सिरकीरक्षाकरें
बी] आंखों की रक्षा करें
सी] हाथों की रक्षा करें
डी] कानों की रक्षा करें
11] निम्नलिखित में से कौन सामान्य सुरक्षा से संबंधित है?
A एक कार्यकर्ता को अच्छे व्यवहार में रखें
बी] काम साफ और स्पष्ट
सी] अपने काम पर ध्यान लगाओ
डी] फर्शऔरगैंगवेकोसाफऔरसाफरखें
12] पीसते समय आंखों की रक्षा के लिए किसका प्रयोग किया जाता है?
ए] गहरा हरा कांच

बी] मुखौटा

सी] धूप का चश्मा

<u>डी] सुरक्षाचश्मा</u>

Grinding wheels 1 bench grinder-wheel

पिसाई

13] मशीन सुरक्षा के लिए निम्नलिखित में से क्या किया जाता है?

<u>ए] मशीनशुरूकरनेसेपहलेतेलकेस्तरकीजांचकरें</u>

बी] चीजों को व्यवस्थित तरीके से करें

सी] फर्श और गैंगवे को साफ और साफ रखें

डी] डाई और स्कार्फ का प्रयोग न करें

14] पर्सनल प्रोटेक्ट इक्विपमेंट (पीपीई) 'स्लीव्स' का इस्तेमाल ---------- की सुरक्षा के लिए किया जाता है

एक चेहरा

बी] आंखें

सी] कान

<u>डी] हाथ</u>

15] एबीसी का मतलब --------------

ए] स्वचालित श्वास नियंत्रण

बी] स्वचालित रक्त नियंत्रण

<u>सी] वायुमार्गश्वासपरिसंचरण</u>

डी] स्वचालित रक्त परिसंचरण

16] "क्लास बी" की आग को बुझाने के लिए किस प्रकार के अग्निशामक यंत्र का उपयोग किया जाता है ....

<u>ए] शुष्कशक्ति</u>

बी] कार्बन डाइऑक्साइड

सी] पानी की जेट

डी] फोम प्रकार

17] सामान्य आग को बुझाने के लिए किस प्रकार के अग्निशामक यंत्र का उपयोग किया जाता है?

ए] जलप्रकारबुझानेवाला

बी] फोम प्रकार बुझाने वाला

सी] शुष्क रासायनिक पाउडर एक्सटिंगुइशर

डी] कार्बन डाइऑक्साइड (C02] बुझाने वाला)

fire extingusher Fire Extingusher

अग्निशामक: आग

18] 'टी' वर्ग रेखाएं खींचने के लिए प्रयोग किया जाता है ......

ए] झुका हुआ

बी] घुमावदार

सी] लंबवत

डी] क्षैतिज

19] बड़े आकार का वृत्त खींचने के लिए ..... द्वारा खींचा जाता है।

ए] सीधे बार

बी] लंबीपट्टी

सी] बड़ा बार

डी] छोटा बार

20] कोण खींचने या मापने के लिए किसके द्वारा प्रयोग किया जाता है...

ए]सेट स्क्वायर

बी] चांदा

सी] 'टी' वर्ग

डी] इनमें से कोई नहीं

21] पेंसिल के ग्रेड का उपयोग अक्षरों को स्केच करने के लिए किया जाता है ....

ए] शंक्वाकारबिंदु

बी] छेनी बिंदु

सी] नरम

डी] कम

22] एकसमान मोटाई की पतली रेखाएँ खींचने के लिए पेंसिल को किस रूप में तेज किया जाना चाहिए?...

ए] छेनी का किनारा

बी] शंक्वाकार

सी] इशाराकिया

डी] इनमें से कोई नहीं

23] उन वक्रों को खींचने के लिए क्या उपयोग किया जाता है जो कंपास द्वारा नहीं खींचे जा सकते हैं

ए] छोटा कंपास

बी] फ्रेंचवक्र

सी] चांदा

डी] इनमें से कोई नहीं

french curve2

dr French curve

ड्राइंग में फ्रेंच वक्र

24]अनावश्यक रेखाएं किसके द्वारा हटा दी जाती हैं .....

ए] डस्टर

बी] सैंड पेपर ब्लॉक

ग] <u>इरेज़र</u>

डी] इनमें से कोई नहीं

25] वृत्त और चाप .....l के माध्यम से खींचे जाते हैं।

ए] <u>कंपास</u>

बी] विभक्त

सी] लंबी पट्टी

d]इनमें से कोई नहीं

26] इनकिंग पेन का प्रयोग ड्राइंग में किया जाता है ......

ए] क्षैतिज रेखा

बी] गैर गोलाकार चाप

सी] लंबवत रेखाएं

डी] <u>येसभी</u>

27] कार्ड बोर्ड स्केल ...... के सेट में उपलब्ध हैं।

ए] 7

बी] <u>8</u>

ग] 6

घ] 9

28] स्कूल और कॉलेजों में उपयोग के लिए 30 -60°-90° सेट स्क्वायर की सुविधाजनक लंबाई का आकार हैं ......

ए] 250

बी] 200

सी] 300

डी] इनमें से कोई नहीं

set square

dr Set square

ड्राइंग में वर्गाकार सेट करें

29] ड्रॉइंग बोर्ड .... के आकार का होता है।

एक वर्ग

बी] <u>आयताकार</u>

सी] त्रिकोणीय

डी] इनमें से कोई नहीं

30] 'टी' वर्ग, सेट स्क्वायर, स्केल प्रोट्रैक्टर शिकायत में उपयोग कर रहे हैं ......

ए] चांदा

बी] <u>मिनीड्राफ्टर</u>

सी] वर्ग सेट करें

डी] इनमें से कोई नहीं

mini drafter drawing2

dr Mini drafter

ड्राइंग में मिनी ड्राफ्टर

31] वर्ग सेट करें, टी वर्ग किनारों को किस उद्देश्य के लिए बेवल किया गया है ....

ए] वक्र रेखा

बी] इनकमिंगलाइन्स

बी] माप लेना

डी] इनमें से कोई नहीं

t square6 dr T square

टी - ड्राइंग में वर्ग

32]ज्यामितीय निर्माण जो अधिकतर समतल ज्यामिति पर आधारित होते हैं और जो बहुत...

ए] शुद्धता

बी] गुणवत्ता

सी] आवश्यक

डी] बेहतर गुणवत्ता

33] नियमित बहुभुजों को खींचने की कितनी विधि है ....

ए] सर्कल विधि और चाप विधि लिखें

b] किसी भी बहुभुज को खींचने की सामान्य विधि

ग] वैकल्पिक विधि

डी] येसभी

34] रेखा AB को .... बराबर भागों में विभाजित किया जा सकता है।

ए] 7

बी] 10

ग] 15

डी] उनमें से सभी

35] वृत्त में त्रिभुज बनाने की कौन-सी विधि...

ए] इंस्क्राइबिंग

बी] वर्णन करना

सी] ए और बी दोनों

घ] इनमें से कोई नहीं

36] जब षट्भुज की दो भुजाओं का क्षैतिज होना आवश्यक हो, तो समान विभाजन की सीढ़ी के लिए प्रारंभिक बिंदु ..... के अंत में होना चाहिए।

ए] क्षैतिजव्यास

बी] लंबवत व्यास

सी] झुका हुआ व्यास

घ] इनमें से कोई नहीं

37] यदि षट्भुज के दो पक्षों को लंबवत होना आवश्यक है, तो प्रारंभिक बिंदु अंत में होना चाहिए ....

ए] झुका हुआ व्यास

बी] क्षैतिज व्यास

सी] लंबवतव्यास

घ] इनमें से कोई नहीं

38] एक समतल द्वारा लम्ब वृत्तीय शंकु के अंतःखंड द्वारा शंकु की धुरी के सापेक्ष अलग-अलग स्थिति में प्राप्त खंड को कहा जाता है........

ए] कॉनिक्स

बी] मंडलियां

सी] त्रिकोण

घ] आधा चक्र

39] जब सेक्शन प्लेन धुरी की ओर झुका होता है और सभी जनरेटर को एक तरफ एक एपेक्स पर काटता है तो सेक्शन में होता है ......

ए] शंकु खंड

बी] <u>अंडाकार</u>

सी] परबोला

डी] हाइपरबोला

40] जब सेक्शन प्लेन अक्ष की ओर झुकता है और किसी एक जनरेटर के समानांतर होता है तो सेक्शन एक ....

ए] अंडाकार

बी] <u>परबोला</u>

सी] हाइपरबोला

डी] साइक्लॉयड

41] अण्डाकार वक्र का प्रयोग ....

ए] मेहराब

b] बांध और स्मारक

ग] मैनहोल, ग्रंथि और स्टफिंग बॉक्स

डी] <u>येसभी</u>

42] परवलयिक वक्र का उपयोग ....

ए] पुल और मेहराब

बी] ध्वनि परावर्तक

ग] प्रकाश परावर्तक

डी] <u>येसभी</u>

43] अतिपरवलयिक वक्र का प्रयोग है ......

a] <u>कूलिंगटावरऔरवाटरचैनल</u>

बी] डेम्स

ग] पुल

डी] ये सभी

44] जब बिंदु वृत्त के भीतर होता है, वक्र कहलाता है ......

ए] सुपीरियर ट्रोकोइड

बी] <u>आंतरिकट्रोकोइड</u>

सी] ट्रोकोइड

डी] आइसोट्रोकॉइड

45] जब वृत्त के बाहर का बिंदु तब वक्र कहलाता है...

ए] आंतरिक ट्रोकोइड

बी] सुपीरियरट्रोकोइड

सी] ट्रोकोइड

d] सुपीरियर ट्रोकोइड

46] एक वृत्त की परिधि पर एक बिंदु द्वारा सामान्य वक्र, जो दूसरे वृत्त पर बिना खिसके लुढ़कता है, कहलाता है ......

ए] एपिसाइक्लोइड्स

बी] हाइपोसाइक्लोइड

सी] शामिल

घ] इनमें से कोई नहीं

47] जब वृत्त दूसरे वृत्त के अंदर लुढ़कता है तो वक्र कहलाता है...

ए] हाइपोसाइक्लोइड

बी] एपिसाइक्लोइड्स

सी] ट्रोकोइड

डी] हाइपोट्रोकॉइड

48] आर्कमेडियन स्पाइरल कर्व का उपयोग किसमें किया जाता है?

ए] पेचदार गियर के दांत प्रोफाइल

बी] कैम के प्रोफाइल

सी] एऔरबीदोनों

घ] इनमें से कोई नहीं

cams mmv Cam Follower

इंजन में कैमरा

49] कैम व्यापक रूप से .... में उपयोग किए जाते हैं

ए] स्वचालित

बी] प्रिंटिंग मशीन

सी] सी इंजन

डी] येसभी

50] वसंत सूचकांक =

a] तार का व्यास / तार का व्यास

बी] तारकाव्यास / कुंडलकाव्यास

ग] तार का माध्य व्यास/कुंडली का व्यास

d] कुंडल का माध्य व्यास / तार का व्यास

51] विलक्षणता =

ए] फोकससेएकबिंदुकीदूरी / डायरेक्ट्रिक्ससेबिंदुकीदूरी

b] बिंदु से फोकस की दूरी / बिंदु से बिंदु की दूरी

ग] फोकस से बिंदु की दूरी / बिंदु की दिशा की दूरी

d] नियता से बिंदु की दूरी / फोकस से बिंदु की दूरी

52] गणितीय रूप से एक दीर्घवृत्त को समीकरण द्वारा वर्णित किया जा सकता है.....

ए] ए ^{2} / एक्स ^{2} + वाई ^{2} / बी ^{2} = 1

बी] एक्स ^{2} / ए ^{2} + वाई ^{2} / बी ^{2}

सी] एक्स ^{2} / ए ^{2} + वाई ^{2} / बी ^{2} = 0

डी] एक्स^2 / ए^2 + वाई^2 / बी^{2} = 1

53] गणितीय रूप से एक परवलय को एक समीकरण द्वारा वर्णित किया जा सकता है......

ए] वाई ^{2} = 4ax

बी] एक्स ^{2} = 2ay

सी] एक्स ^{2} = 4ay

डी] एऔरबीदोनों

54] गणितीय रूप से अतिपरवलय को एक समीकरण द्वारा वर्णित किया जा सकता है ......

ए] एक्स^2 /ए^2 - वाई^2 /बी^{2} = 1

बी] एक्स ^{2} /वाई ^{2} - वाई ^{2} /एक्स ^{2} = 0

सी] ए और बी दोनों

घ] इनमें से कोई नहीं

55] चक्रवात को एक समीकरण द्वारा वर्णित किया जा सकता है......

a] y = a(1-cos]

बी] एक्स = ए (Ø -पाप Ø]

सी] एऔरबीदोनों

घ] इनमें से कोई नहीं

56] गणितीय रूप से दर्शाया गया हाइपोसाइक्लोइड है.....

a] Y = a cos ^{3}, X = a sin ^{3}

बी] एक्स = एक पाप ^{3}Ø, वाई = एक cos ^{3}Ø

सी] एक्स = एककॉस^{3} Ø , वाई = एकपाप^{3}

घ] इनमें से कोई नहीं

57] गणितीय रूप से उलटा द्वारा दर्शाया गया है

a] X = r sin Ø - r Ø cos , Y = r cos + r Ø sin

b] X = r sin + r cos , Y = r cos - r Ø sin

c] Y = r Ø cos - r sin Ø, X = r sin Ø - r Ø cos

d] X = r cos + r Ø sin , Y =r sin Ø - r Ø cos

58] वस्तु से तल तक की रेखाएं कहलाती हैं.......

ए] प्रोजेक्शन

बी] प्रोजेक्टर

सी] संदर्भ विमान

घ] इनमें से कोई नहीं

59] ऑर्थोग्राफ़िक प्रोजेक्शन किसी ऑब्जेक्ट को परस्पर लंबवत प्रोजेक्शन लाइनों पर व्यू द्वारा दर्शाया जाता है

ए] दोयातीन

बी] तीन या दो

ग] तीन या चार

घ] इनमें से कोई नहीं

60] जब प्रोजेक्टर एक दूसरे के समानांतर होते हैं और विमान के लंबवत भी होते हैं, तो प्रक्षेपण को कहा जाता है ......

ए] आइसोमेट्रिक प्रोजेक्शन

बी] परोक्ष प्रक्षेपण

सी] ऑर्थोग्राफिकप्रोजेक्शन

डी] परिप्रेक्ष्य प्रक्षेपण

orthographic projection drawing6 orthographic projection

ड्राइंग में ऑर्थोग्राफिक प्रोजेक्शन

61] ओर्थोग्राफिक अनुमानों के उद्देश्य के लिए नियोजित दो विमान हैं ......

ए] सहायक विमान

डी] क्षैतिज विमान

सी] संदर्भविमान

घ] इनमें से कोई नहीं

62] जिस रेखा में वे प्रतिच्छेद करते हैं उसे संदर्भ रेखा कहा जाता है और इसे अक्षरों द्वारा दर्शाया जाता है ....

ए] एबी

बी] वाईजेड

सी] एक्सवाई

घ] इनमें से कोई नहीं

63] वीपी पर प्रक्षेपण को कहा जाता है ....

ए] साइड व्यू

बी] सामनेकादृश्य

ग] शीर्ष दृश्य

डी] ये सभी

64] .... विधि, जब दृश्य उनके सापेक्ष स्थिति में खींचे जाते हैं, तो विमान ऊंचाई से नीचे आता है। ऊंचाई के दाईं ओर बाईं ओर से देखी गई वस्तु का दृश्य।

ए] प्रक्षेपण का विमान

बी] पहलाकोणप्रक्षेपण

ग] तीसरा कोण प्रक्षेपण

घ] इनमें से कोई नहीं

65] तीसरे कोण प्रक्षेपण विधि, वस्तु को .... चतुर्थांश में स्थित माना जाता है।

ए] पहला चतुर्थांश

बी] दूसरा चतुर्थांश

ग] तीसराचतुर्थांश

d] चौथा चतुर्थांश

66] .... प्रक्षेपण की विधि संयुक्त राज्य अमेरिका और अन्य देशों में भी प्रयोग की जाती है।

ए] प्रक्षेपण का विमान

बी] ऑर्थोग्राफिक प्रोजेक्शन

ग] प्रथम-कोण प्रक्षेपण

डी] तीसराकोणप्रक्षेपण

third angle projection2 orthographic projection

तीसरा कोण प्रक्षेपण ड्राइंग

67] जब कोई वस्तु जमीन पर स्थित होती है, तो प्रथम कोण प्रक्षेपण विधि में, उसका ..... XY के साथ सह-अंदर होगा।

ए] शीर्ष दृश्य

बी] सामनेकादृश्य

सी] साइड व्यू

डी] ये सभी

68] इस प्रक्षेपण प्रणाली का महत्वपूर्ण तत्व

ए] एक वस्तु

बी] प्रक्षेपण का विमान

सी] एक पर्यवेक्षक

डी] येसभी

69] जब रेखा AB, HP के समांतर होती है तो ......

ए] यह एबी के सामने का दृश्य है

b] इसका साइड व्यू AB के बराबर है

c] यहशीर्षदृश्य AB केबराबरहै

घ] इनमें से कोई नहीं

70] जब एक रेखा एक समतल के समानांतर होती है; इसका समतल पर प्रक्षेपण इसके बराबर है;

ए] सहीलंबाई

बी] सही आकार

सी] सही आकार

घ] इनमें से कोई नहीं

71] वह बिंदु समानांतर होता है जिसमें उस बिंदु से मिलने वाली रेखा या रेखा को समतल कहा जाता है ....

ए] रेखा

बी] अनुपात

सी] ट्रेस

डी] इनमें से कोई नहीं

72] .... दो बिंदुओं के बीच की सबसे छोटी दूरी है।

ए] एक लाइन

बी] एक बिंदु

सी] एकसीधीरेखा

डी] इनमें से कोई नहीं

73] जब रेखा क्षैतिज तल को काटती है जिसे कहते हैं.....

ए] क्षैतिजट्रेस

बी] लंबवत ट्रेस

सी] रेखा का निशान

डी] इनमें से कोई नहीं

74]विमानों को दो मुख्य प्रकारों में विभाजित किया जा सकता है ......

ए] लंबवत विमान, सहायक विमान

बी] लंबवतविमान, तिरछाविमान

सी] सहायक विमान, लंबवत विमान

डी] इनमें से कोई नहीं

75] वे विमान जो संदर्भ तल की ओर झुके होते हैं, कहलाते हैं......

ए] सहायक विमान

बी] तिरछाविमान

सी] लंबवत विमान

डी] चित्र विमान

76] जब एक विमान एक संदर्भ विमान के लंबवत होता है तो उस विमान पर उसका प्रक्षेपण होता है ....

ए] क्षैतिज रेखा

बी] समानांतर रेखा

सी] सीधीरेखा

डी] इनमें से कोई नहीं

77] जब एक विमान एक संदर्भ विमान के समानांतर होता है, तो उस विमान पर उसका प्रक्षेपण दिखाता है ......

ए] यहसहीआकारऔरआकारहै

बी] यह सही लंबाई और आकार है

ग] यह सही ऊंचाई और आकार है
डी] इनमें से कोई नहीं
78] वीपी और एचपी के लंबवत समतल उस विमान को .... कहा जाता है।
ए] सहायक विमान
बी] ओब्लिक प्लेन
सी] लंबवतविमान
घ] इनमें से कोई नहीं
79] लम्बवत तल को निम्न प्रकारों में विभाजित किया जा सकता है......
ए] दोनों संदर्भ विमानों के लंबवत।
बी] एक विमान के लंबवत और दूसरे के समानांतर
सी] एक विमान के लंबवत और दूसरे के लिए झुका हुआ
डी] येसभी
80] विमानों के केवल दो आयाम होते हैं, जैसे.......
ए] लंबाईऔरचौड़ाई
बी] लंबाई और ऊंचाई
ग] लंबाई और मोटाई
डी] ये सभी
81] आधारों के केन्द्रों को मिलाने वाली प्रिज्म की काल्पनिक रेखा को .... कहते हैं।
ए] चेहरे
बी] अक्ष
सी] एपेक्स
डी] बेस
82] एक सही और नियमित प्रिज्म की धुरी होती है........ आधारों तक
ए] समानांतर
बी] लंबवत
सी] झुका हुआ
घ] इनमें से कोई नहीं

Prisem1 dr Polygon polyhedron

83] जब किसी पिरामिड या शंकु को उसके आधार के समांतर समतल द्वारा काटा जाता है और इस प्रकार शीर्ष भाग को हटा दिया जाता है, तो शेष भाग को कहा जाता है ....

गोला

बी] शंकु

सी] सिलेंडर

डी] <u>फ्रस्टम</u>

Cone dr Cone Drawing

इंजीनियरिंग ड्राइंग में शंकु

84] तिरछे बेलन और शंकु के आधार के लिए उनके कुल्हाड़ियाँ हैं

ए] <u>झुकाहुआ</u>

बी] समानांतर

सी] लंबवत

डी] ये सभी

85] जमीन पर और एक दूसरे के संपर्क में दो समान गोले का प्रक्षेपण, वहां केंद्र को मिलाने वाली रेखा के साथ ....

ए] एक वी पी

बी] वीपी

सी] <u>एचपी</u>

डी] ये सभी

sphere1 dr Sphere Drawing

ड्राइंग में क्षेत्र

86] दूसरे तल पर खंड के प्रक्षेपण, जिस पर वह झुका हुआ है, कहलाता है ......

ए] सेक्शन प्लेन

बी] <u>स्पष्टखंड</u>

c] गोले का सही आकार

घ] इनमें से कोई नहीं

87] जब सेक्शन प्लेन एचपी या जमीन के समानांतर होता है, तो सेक्शन का सही आकार .... में दिखाई देगा।

ए] सामने का दृश्य

बी] साइड व्यू

ग] <u>शीर्षदृश्य</u>

डी] ये सभी

88] ठोस की सतह को एक समतल पर बिछाया जाता है, जो आकृति प्राप्त होती है, उसे उसका .... कहा जाता है।

ए] इंटरपेनेट्रेशन

बी] <u>विकास</u>

ग] चौराहा

घ] इनमें से कोई नहीं

89] सतहों का विकास आवश्यक है ....

ए] फाउंड्री की दुकान

बी] <u>शीटमेटलवर्क</u>

ग] फिटिंग की दुकान

घ] इनमें से कोई नहीं

90] संक्रमण के टुकड़ों में विकास की किस पद्धति का उपयोग किया जाता है?

ए] समानांतर व्यास

बी] रेडियल लाइन विधि

सी] त्रिभुजविधि

डी] अनुमानित विधि

91] विकास की किस पद्धति का प्रयोग पिरामिडों और शंकुओं में किया जाता है........

ए] रेडियललाइनविधि

बी] समानांतर रेखा विधि

ग] अनुमानित विधि

डी] त्रिभुज विधि

pyramid2 dr Pyramid Drawing

पिरामिड ड्राइंग

92] समानांतर रेखा पद्धति का प्रयोग ....में किया जाता है।

ए] प्रिज्म

बी] सिलेंडर

सी] क्यूब्स

डी] येसभी

93] विकास की किस विधि का उपयोग सतह पर गोलाकार, परवलयिक, दीर्घवृत्ताभ, अतिपरवलय और हेलिकॉइड के रूप में किया जाता है

ए] रेडियल लाइन विधि

बी] त्रिभुज विधि

ग] अनुमानितविधि

डी] समानांतर रेखा विधि

94] जोन विधि और लून विधि का प्रयोग .... के विकास में किया जाता है।

ए] प्रिज्म

बी] शंकु

सी] क्षेत्र

डी] पिरामिड

95] सूत्र द्वारा अंतरित कोण की गणना करें =360 ^{0} आधार वृत्त की त्रिज्या

ए] अक्षकीलंबाई

बी] तिरछीऊंचाई

ग] अक्ष की त्रिज्या

घ] इनमें से कोई नहीं

96] इंजीनियरिंग अभ्यास में, निर्मित वस्तुओं में घटक भाग हो सकते हैं, जिनकी सतहें एक दूसरे को चौराहों की रेखाओं में काटती हैं, जिन्हें चौराहे का कहा जाता है।

ए] लाइन्स

बी] शंकु

सी] सिलेंडर

डी] प्रिज्म

97] अंतःक्रिया की रेखा ...... की प्रकृति पर निर्भर हो सकती है।

ए] चौराहेकीसतह

b] ठोसों को प्रतिच्छेद करना

ग] प्रतिच्छेदन शंकु

घ] इनमें से कोई नहीं

98] दो समतल सतह एक ...... रेखा में प्रतिच्छेद करती हैं

ए] वक्र

बी] सीधे

सी] विमान

डी] ये सभी

99] दो घुमावदार सतह के बीच या .... सतह और एक घुमावदार सतह के बीच प्रतिच्छेदन की रेखा एक वक्र है।

ए] एक घुमावदार

बी] एकविमान

सी] एक ठोस

घ] इनमें से कोई नहीं

100] जब एक ठोस पूरी तरह से दूसरे ठोस में प्रवेश करता है तो प्रतिच्छेदन की दो रेखाएँ होंगी। इन रेखाओं को कभी-कभी रेखा या .... कहा जाता है।

ए] इंटरपेनेट्रेशन की रेखा

बी] इंटरपेनेट्रेशनकीवक्र

ग] अंतःप्रवेश के ठोस

डी] ये सभी

101] प्रवेश वक्र का उपयोग है ......

ए] शीट मेटल वर्क

बी] फिटिंग की दुकान

ग] निर्माणकार्य

d] फाउंड्री की दुकान

102] दो अंतःप्रवेश की सतह के बीच प्रतिच्छेदन की रेखा निर्धारित करने की विधियाँ ....

ए] अनुमानित विधि और रेडियल लाइन विधि

बी] लाइनविधिऔरकाटनेविमानविधि

ग] त्रिभुज विधि और समानांतर रेखा विधि

घ] इनमें से कोई नहीं

103] अंतर्प्रवेश का उदाहरण है ....

a] दो प्रिज्म चौराहा

बी] सिलेंडर और प्रिज्म चौराहे

सी] शंकु और सिलेंडर चौराहे

डी] येसभी

104] दो बेलन प्रतिच्छेदन किसका उदाहरण है?

ए] चौराहे

बी] इंटरपेनेट्रेशन

ग] शंकु चौराहा

घ] इनमें से कोई नहीं

cylinder8 dr Cylinder Drawing

ड्राइंग में सिलेंडर

105] .... उदाहरणात्मक समस्याओं को हल करते समय विधि को विस्तार से समझाया गया है

ए] लाइन विधि

बी] रेडियल लाइन विधि

सी] विमानविधिकाटना

डी] समानांतर रेखा विधि

106] आइसोमेट्रिक प्रोजेक्शन का एक प्रकार क्या है?

ए] सचित्रप्रक्षेपण

बी] ऑर्थोग्राफिक प्रोजेक्शन

ग] परिप्रेक्ष्य प्रक्षेपण

डी] परोक्ष प्रक्षेपण

isometric projections

drawing11 isometric projection

आइसोमेट्रिक प्रोजेक्शन ड्राइंग

107] सममितीय दृश्य खींचे गए हैं......

ए] पूर्ण पैमाने

बी] आधा पैमाना

सी] सहीलंबाई

d] ट्रू स्केल

108] सममितीय अक्ष के समांतर रेखा कहलाती है......

ए] आइसोमेट्रिक अक्ष

बी] आइसोमेट्रिकलाइन

c] आइसोमेट्रिक प्लेन

डी] आइसोमेट्रिक दृश्य

109] आइसोमेट्रिक प्रोजेक्शन अनुपात में कम है ....

ए] 3:

ख] 1 : 2

ग] 2: 2

घ] 2: 3

110] ...... के साथ खींचे गए वृत्त का सममितीय प्रक्षेपण

ए] आइसोमेट्रिक प्लेन

बी] आइसोमेट्रिक ग्राफ
सी] आइसोमेट्रिक ड्राइंग
डी] आइसोमेट्रिकस्केल
111] दीर्घवृत्त की प्रमुख धुरी ....से अधिक लंबी होती है।
a] वृत्त की त्रिज्या
बी] सही व्यास
ग] वृत्तकाव्यास
घ] इनमें से कोई नहीं
112] ...... का उपयोग करके सममितीय दृश्य खींचने का अभ्यास करता है।
ए] आइसोमेट्रिक प्लेन
बी] सममितीय रेखाएं
सी] आइसोमेट्रिकग्राफ
डी] आइसोमेट्रिक व्यू
113] परवलयिक वक्र का प्रयोग है
ए] ध्वनिपरावर्तक
बी] बांध
ग] बॉयलर का मैन होल
d] ग्लैंड एंड स्टफिंग बॉक्स

curves engineering curves

वक्र इंजीनियरिंग ड्राइंग

114] जब सेक्शन प्लेन झुका हुआ हो तो सेक्शन का सही आकार पर होता है
ए] एवीपी
बी] वीपी
सी] एचपी
डी] ए / पी

115] जब सेक्शन प्लेन एचपी और वीपी दोनों के लिए लंबवत होता है तो सेक्शन का सही आकार

ए]शीर्ष दृश्य

बी] साइडव्यू

ग] सामने का दृश्य

घ] इनमें से कोई नहीं

116] जब सहायक विमानों पर प्रक्षेपित दृश्य को कहा जाता है

ए] सहायकदृश्य

बी अनुभागीय दृश्य

ग] सामने का दृश्य

घ] इनमें से कोई नहीं

117] किसी वस्तु के अदृश्य लक्षणों को किसके द्वारा दिखाया जाता है?

ए] रूपरेखा

बी] चेन लाइन्स

सी] छिपीहुईरेखाएं

घ] इनमें से कोई नहीं

118] के लिए ड्राइंग पर अनुभागीय दृष्टिकोण का महत्व

ए] आंतरिकविवरण

बी] बाहरी विवरण

सी] हैचिंग

घ] इनमें से कोई नहीं

sectional views dr Sectional views

ड्राइंग में अनुभागीय विचार

119] घटक को सीधे काटने वाले विमान द्वारा दो भागों में बांटा गया है

ए] आधा खंड

बी] पूर्णखंड

ग] ऑफसेट अनुभाग

d] हटाया गया अनुभाग

120] सेक्शन लाइन के दो अलग-अलग हिस्से (टुकड़े) संपर्क में होने चाहिए...

ए] एक ही दिशा

बी] विपरीतदिशा

सी]समानांतर दिशा

घ] इनमें से कोई नहीं

121] जब इस प्लेट के लिए बहुत कम क्षेत्र में विभाजित किया जाना है और अनुभाग में काले रंग के संरचनात्मक सदस्यों का उपयोग किया जा सकता है। कम से कम का स्थान

ए] 0.07 मिमी

बी] 0.7 मिमी

सी] 0.05 मिमी

डी] 0.5 मिमी

122] बहुभुज के अंतःकोणों का योग बराबर होता है

a] (2*n-4]* समकोण

b] (2*n]* समकोण-4

c] (2*4-n]* समकोण

d] (2-4*n]* समकोण

123] एक माइक्रोन ....mm . के बराबर होता है

ए] 0.001

बी] 1000

ग] 0.01

घ] 0.1

124] सतह का विकास आवश्यक है.....

ए] फाउंड्री की दुकान

बी] शीटधातुकाकाम

ग] फिटिंग की दुकान

डी] इनमें से कोई नहीं

development of surfaces drawing13

devlopment of surfaces

ड्राइंग में सतहों का विकास

125] ट्रांजिशन पीस में विकास की किस पद्धति का उपयोग किया जाता है?

ए] समानांतर रेखा विधि

बी] रेडियल लाइन विधि

सी] त्रिभुजविधि

डी] इनमें से कोई नहीं

126] आइसोमेट्रिक प्रक्षेपण के अनुपात में कम हो गया है

ए] 2:√3

बी] 3:√2

ग] 1:√2

डी] इनमेंसेकोईनहीं

127] जब तीन इकाइयों में माप की आवश्यकता होती है तो पैमाने का उपयोग किया जाता है।...

ए] पूर्ण पैमाने

बी] सादा पैमाना

सी] आधा स्केल

डी] इनमेंसेकोईनहीं

128]सममितीय चित्र उत्पादन में बड़ा होता है, आइसोमेट्रिक प्रक्षेपण के बारे में...

ए] 22.5%

बी] 0.815

सी] 9/11

डी] इनमें से कोई नहीं

129] जबकि गोलाकार भागों के आइसोमेट्रिक का उपयोग किया जाना चाहिए ....

ए] पूर्ण पैमाने

बी] सममितीयलंबाई

सी] सही लंबाई

डी] आधा स्केल

130] जब वृत्त को सममितीय पैमाने से खींचा जाता है तो दीर्घवृत्त के दीर्घ अक्ष की लंबाई ....

ए] सचव्यास

बी] आइसोमेट्रिक व्यास

सी] आइसोमेट्रिक व्यास

डी] इनमें से कोई नहीं

131] आइसोमेट्रिक दृश्य में जिसमें बड़ी संख्या में गैर-आइसोमेट्रिक रेखाएँ होती हैं, किस विधि का उपयोग किया जाता है

ए] बॉक्स विधि

बी] ऑफ-सेट विधि

सी] समन्वयविधि

डी] केंद्र लेआउट विधि

132] जब चित्र वस्तु के वास्तविक आकार से छोटा खींचा जाता है .....

ए] पूर्ण पैमाने

बी] विस्तार पैमाने

सी] स्केलकमकरना

डी] इनमें से कोई नहीं

133] जब e=1 वक्र कहा जाता है.....

ए] परवलय

बी] अतिपरवलय

सी] अंडाकार

डी] इनमें से कोई नहीं

134]आइसोमेट्रिक ड्राइंग के साथ तुलना करें तिरछे प्रक्षेपण का लाभ है...

ए] सामनेकाचेहरासहीआकारमेंहै

बी] दो अक्ष हमेशा एक दूसरे के लंबवत होते हैं

ग] आवर्ती अक्ष को कुछ सुविधाजनक कोणों पर लिया जाता है

डी] इनमें से कोई नहीं

135] यदि सभी आवर्ती किनारों को सही लंबाई में खींचा जाता है तो तिरछा प्रक्षेपण कहलाता है...

ए] कैविलियरप्रोजेक्शन

बी] कैबिनेट प्रक्षेपण

ग] सामान्य प्रक्षेपण

डी] इनमें से कोई नहीं

136] बड़ी वस्तु जैसे बिंदु का निर्माण आमतौर पर ..... की ऊंचाई पर लिया जाता है।

ए] 0.8 मिमी

बी] 1.2 मिमी

सी] 1.8 मिमी

डी] 1.5 मिमी

137] सेंट्रल प्लेन एक काल्पनिक वर्टिकल प्लेन है जो गुजरता है...

ए] पी. पी

बी] एचएल

सी] जीपी

डी] सीपी

138] जब वस्तु पीपी के समानांतर होती है तो परिप्रेक्ष्य को कहा जाता है ......

ए] एकबिंदु

बी] दो बिंदु

सी] तीन बिंदु

डी] इनमें से कोई नहीं

139] पिक्चर प्लेन से स्टेशन बिंदु के माध्यम से खींची गई रेखा होगी ....

ए] पीए

बी] एचएल

सी] जीएल

घ] सी

140] पिक्चर प्लेन से स्टेशन पॉइंट की दूरी होगी .....

ए] मैक्स। वस्तु का व्यास

बी] दोबारअधिकतम।वस्तुकाव्यास

ग] आधा अधिकतम। वस्तु का व्यास

डी] इनमें से कोई नहीं

141] षट्कोणीय तल के सममितीय दृश्य में षट्भुज की सभी भुजाएँ होती हैं .....

ए] बराबर लंबाई

बी] <u>असमानलंबाई</u>

ग] इनमें से कोई नहीं

hexagonal plane drawing6 dr Hexagonal plane

ड्राइंग में हेक्सागोनल प्लेन

142] जब सभी फलक समान और नियमित हों तो बहुफलक कहलाता है....

ए] <u>नियमित</u>

बी] प्रिज्म

ग] अनियमित

डी] पिरामिड

polyhedron drawing1 dr Polygon polyhedron

ड्राइंग में पॉलीहेड्रॉन

143] तिरछे प्रिज्म और पिरामिड में ......

a] आधार से लंबवत अक्ष

बी] <u>धुरीआधारकीओरझुकीहुईहै</u>

ग] एचपी की ओर झुके हुए चेहरे

डी] इनमें से कोई नहीं

144] इकोसाहेड्रोन में समान समबाहु त्रिभुजाकार फलक होते हैं

ए] 12

बी] 8

ग] 20

घ] 6

145] जब किसी पिरामिड या शंकु को उसके आधार के समांतर समतल द्वारा काटा जाता है तो उसे कहते हैं.....

ए] पिरामिड

b] कार्टेड हो गया

ग] कुंठा

डी] इनमें से कोई नहीं

146] वह तल जो दोनों संदर्भ तलों की ओर झुकता है, कहलाता है ......

ए] तिरछाविमान

बी] लंबवत विमान

सी] झुका हुआ विमान

डी] इनमें से कोई नहीं

147] जब एक रेखा HP के समानांतर और VP के लंबवत होती है तो ट्रेस रेखा होती है.....

ए] वीटी

बी] एचटी

सी] कोई निशान नहीं

डी] वीटी और एचटी

148] जब एक रेखा VP के समानांतर और HP की ओर झुकी हो तो रेखा की सही लंबाई ..... में होती है।

ए] सामनेकादृश्य

बी] शीर्ष दृश्य

सी] साइड व्यू

डी] इनमें से कोई नहीं

149] जब बिंदु सामने के चतुर्थांश में स्थित हो

a] HP के ऊपर और VP के सामने

b] HP केनीचेऔर VP केसामने

सी] वीपी के पीछे और एचपी से ऊपर

d] HP के नीचे और VP के पीछे

150] बिंदु "बी" का चतुर्थांश एचपी से 15 मिमी ऊपर और वीपी के पीछे 25 मिमी का पता लगाएं

ए] मैं स्टू
बी] तृतीय आरडी
सी] III थ
घ] द्वितीयऔर
151] प्रथम कोण प्रक्षेपण में सामने का दृश्य है ......
ए] शीर्षदृश्यकेऊपर
बी] शीर्ष दृश्य के नीचे
सी] साइड व्यू के ऊपर
d] साइड व्यू के नीचे

First Angle projection5 orthographic projection

ड्राइंग में प्रथम कोण प्रक्षेपण विधि

152] ऑर्थोग्राफिक प्रोजेक्शन में प्रोजेक्टर होते हैं ....
ए] विमान के समानांतर
बी] विमानकेलंबवत
सी] विमान के लिए इच्छुक
डी] इनमें से कोई नहीं
153] एलएचएसवी का मतलब ....
ए] साइड व्यू की लंबाई
बी] बाएं हाथ का दृश्य
सी] दाहिने हाथ का दृश्य
d] बायींओरकादृश्य
154] प्रेक्षक और प्रक्षेपण तल के बीच की वस्तु रेखाएँ ....
ए] तीसराकोण
बी] 1 सैंटकोण
सी] 4 वांकोण
डी] दूसराकोण
155] तीसरे कोण में प्रक्षेपण के विमान को माना जाता है ......

ए] गैर पारदर्शी

बी] चतुर्भुज

सी] <u>पारदर्शी</u>

डी] डायहेड्रल कोण

156] तीसरे कोण के प्रक्षेपण में शीर्ष दृश्य हमेशा चालू रहता है......

ए] <u>सामनेकेदृश्यकेऊपर</u>

b] ऊपर का दृश्य

ग] सामने के दृश्य के नीचे

d] साइड व्यू के नीचे

157] चार चतुर्भुज जिन्हें कहा जा सकता है......

ए] वामावर्त

b] पहला और तीसरा कोण

सी] <u>डायहेड्रलकोण</u>

डी] इनमें से कोई नहीं

158] फर्स्ट एंगल प्रोजेक्शन मेथड में बायीं ओर से व्यू को रखा जाता है .....

ए] सामने के दृश्य के बाईं ओर

बी] <u>सामनेकेदृश्यकाअधिकार</u>

सी] शीर्ष दृश्य के ऊपर

d] सामने के दृश्य के नीचे

159] A2 पेपर का आकार है .....

ए] 297*420

बी] 594*841

ग] <u>420*594</u>

घ] 210*297

160] बोर्ड का वह किनारा जिस पर 'T' वर्ग sli9ding है, कहलाता है ......

ए] सीधा किनारा

बी] <u>वर्किंगएज</u>

ग] छेनी का किनारा

डी] इनमें से कोई नहीं

161] बीआईएस द्वारा अनुशंसित शीर्षक ब्लॉक का आकार। है .....

ए] <u>185 * 65</u>

बी] 150*50

ग] 170*65

डी] इनमें से कोई नहीं

162] ए 2 आकार की शीट के लिए लंबाई और चौड़ाई के साथ बीआईएस द्वारा सुझाए गए क्षेत्रों की संख्या ......

ए] 12,8

बी] 16,12

ग] 8,6

डी] इनमें से कोई नहीं

163] ड्राइंग शीट को इतना मोड़ा जाता है कि ...... हमेशा सबसे ऊपर रहता है।

एक चित्रकारी

बी] अक्षर

सी] शीर्षक ब्लॉक

डी] इनमें से कोई नहीं

164] फ्री हैंड स्केचिंग में क्षैतिज रेखाएँ ...... से स्केच की जाती हैं।

ए] दाएं से बाएं

बी] ऊपर से नीचे

सी] बाएं से दाएं

डी] इनमें से कोई नहीं

165] जब चित्र वस्तु के वास्तविक आकार से छोटा होता है

ए] विस्तार पैमाने

बी] पैमाने को कम करना

सी] पूर्ण पैमाने

डी] इनमें से कोई नहीं

166] आरेखण पर दर्शाई गई वस्तु की लंबाई और वस्तु की वास्तविक लंबाई के अनुपात को कहा जाता है......

ए] पूर्ण पैमाने

बी] आरएफ

सी] आधा स्केल

d] सादा पैमाना

167] जब तीन इकाइयों में माप की आवश्यकता होती है तो पैमाने का उपयोग किया जाता है.....

ए] पूर्ण पैमाने

बी] आधा पैमाने

सी] सादा पैमाने

डी] इनमें से कोई नहीं

168] जब चाँदा उपलब्ध नहीं होता है तो जीवा के पैमाने का उपयोग किया जाता है ......

ए] माप लंबाई

बी] कोण मापें

सी] माप पैमाने

डी] इनमें से कोई नहीं

169] वर्नियर कैलीपर का अल्पतमांक है ....

ए] 0.001

बी] <u>0.02</u>

सी] 0.001

घ] 0.0002

170] एक बहुत छोटी इकाई को बड़ी सटीकता के साथ पढ़ने के लिए किस पैमाने का उपयोग किया जाता है?

ए] सादा पैमाना

बी] <u>विकर्णपैमाने</u>

सी] तार का पैमाना

d] वर्नियर स्केल

171] आरएफ एक से बड़ा है (1] पैमाना है ....

ए] सादा पैमाना

बी] विकर्ण पैमाने

सी] <u>विस्तारपैमाने</u>

डी] स्केल कम करना

172] एक प्राथमिक विभाजन और एक वर्नियर विभाजन के अंतर को कहा जाता है......

ए] <u>कमसेकमगिनती</u>

बी] प्राथमिक पैमाने

सी] वर्नियर स्केल

घ] आरएफ

173] एक माइक्रोन मिमी में बराबर होता है.......

ए] 1000 मिमी

बी] <u>0.001 मिमी</u>

सी] 0.01 मिमी

डी] 100 मिमी

174] आसन्न धागे के दोनों किनारों को जोड़ने वाली शीर्ष सतह को कहा जाता है

<u>ए] क्रेस्ट</u>

बी] रूट

सी] फ्लैंक

D] थ्रेड एंगल है

175] आईएसओ मेट्रिक थ्रेड का सम्मिलित कोण है --------

ए] 27 1/2°

बी] 30 डिग्री

सी] 55 डिग्री

डी] 60 डिग्री

176] निम्नलिखित में से किस स्क्रू थ्रेड फॉर्म में धागों के किनारों के बीच 55° का सम्मिलित कोण होता है?

ए] बीएथ्रेड

बी] एक्मे धागा

सी] बट्रेस धागे

डी] अंगुली धागा

177] निम्नलिखित में से किसका उपयोग केवल धागे के सही रूप को खत्म करने और बनाए रखने के लिए किया जाता है?

नल

बी] थ्रेडिंग टूल

सी] थ्रेडिंग चेज़र

डी] इत्तला दे दी उपकरण

tap and die1 Tap Die

मरो टैप करें

178] कोण 0f lS धागा (V आकार का) ---------- है

ए] 29 डिग्री

बी] 47 1/4°

सी] 50 डिग्री

डी] 60

179] निम्नलिखित में से किस विधि से केवल बाहरी धागे बनाए जाते हैं -------

ए] फॉर्म टूल mEthOd

बी] यौगिक आराम विधि

सी] टेलस्टॉकऑफसेटविधि

डी] टेपर टर्निंग अटैचमेंट विधि।

180] शिखा और धागे की जड़ को मिलाने वाली सतह को ---- के रूप में जाना जाता है

ए] फ्लैंक

बी] शंकु

सी] पिच सतह

डी] ये सभी

181] एक दो प्रारंभ धागे की पिच 4 मिमी है। फिर धागे का नेतृत्व ----- द्वारा दिया जाता है

ए] 4 मिमी

बी] 2 मिमी

सी] 8 मिमी

डी] 6 मिमी

182] सिंगल पॉइंट कटिंग टूल का उपयोग करके लेड स्क्रू पिच वाले खराद पर 2.5 मिमी के स्क्रू थ्रेड को काटने के लिए आवश्यक गियर अनुपात है ----

ए] 1:2

बी] 2:1

सी] 1:1 मिमी

183] आसन्न धागे (बाहरी धागे) के दोनों किनारों को मिलाने वाली निचली सतह है...

ए] फ्लैंक

बी] रूट

सी] क्रेस्ट

डी] पिच

184] बढ़ई के काम में इस्तेमाल होने वाले धागे का रूप है...

एक वर्ग

बी] एक्मे धागा

सी] सॉवोथथ्रेड

डी] अंगुली धागा

185] पाइप के धागे का कोण क्या है?

ए] 60 डिग्री

बी] 47‘/2 डिग्री’

सी] 29 डिग्री

डी] 55 डिग्री।

186] पाइप के धागे का क्या उपयोग है?

ए] ट्रांसमिशन

बी] दबाव बनाए रखें

सी] वायुरोधी कनेक्शन

डी] उपरोक्त में से कोई नहीं।

187] 2" पाइप के धागे की गहराई कितनी है?

ए] 0.5"

बी] 0.640"

सी] 0.335"

डी] 0.580"।

188] डाई और कटिंग टूल द्वारा रॉड या पाइप पर दिए जाने वाले बाहरी धागे को कहा जाता है ......

(ए) दोहन

(बी) मरना

(सी) थ्रेडिंग

(डी) ग्रूविंग

189] जहां बोल्ट और धागे को नुकसान से बचाया जाना है वहां इस्तेमाल किया जाता है।

ए] डोनाल्ड कैप नट

बी] थंब नट

सी] हेक्सागोनल अखरोट

डी] विंग-नट

190] जहां बार-बार हटाने और फिक्सिंग की आवश्यकता होती है वहां उपयोग किया जाता है।

ए] डोनाल्ड कैप नट

बी] थंब नट

सी] हेक्सागोनल अखरोट

डी] विंग-नट

191] मशीन निर्माण और संरचना कार्य में प्रयुक्त।

ए] डोनाल्ड कैप नट

बी] थंब नट

सी] हेक्सागोनल अखरोट

डी] विंग-नट

192] जहां बार-बार समायोजन करना होता है वहां प्रयुक्त होता है।

ए] डोनाल्ड कैप नट

बी] थंब नट

सी] हेक्सागोनल अखरोट

डी] विंग-नट

193] नट में नायलॉन डालने से ढीलेपन को रोका जा सकता है।

ए] लॉकिंग प्लेट

बी] वायर लॉक

सी] सेल्फ लॉकिंग नट

डी] सावन अखरोट

194] अखरोट के आर-पार एक स्लॉट को आधा काट दिया जाता है।

ए] लॉकिंग प्लेट

बी] वायर लॉक

सी] सेल्फ लॉकिंग नट

डी] सावन अखरोट

195] दो बोल्टों को ढीला होने से रोकता है।

ए] लॉकिंग प्लेट

बी] वायर लॉक

सी] सेल्फ लॉकिंग नट

डी] सावन अखरोट

196] शीर्ष अखरोट के घूर्णन को रोकता है।

ए] ताला-अखरोट

बी] अंडाकार अखरोट

सी] सेल्फ लॉकिंग नट

डी] सावन अखरोट

197] अखरोट को फिट करने के लिए प्लेट के आकार का उपयोग करके अखरोट को ढीला होने से रोकता है।

ए] लॉकिंग प्लेट

बी] वायर लॉक

सी] सेल्फ लॉकिंग नट

डी] सावन अखरोट

198] षट्कोणीय अखरोट के निचले हिस्से के साथ बेलनाकार और रिक्त नाली बनायी गयी।

ए] ताला-अखरोट

बी] अंडाकार अखरोट

सी] सेल्फ लॉकिंग नट

डी] सावन अखरोट

199] मशीन के नीचे और फर्श या नींव ब्लॉक के शीर्ष के बीच अंतराल को भरना।

ए] लकड़ी के रूप

बी] फाउंडेशन बोल्ट

सी] ग्राउटिंग

डी] टेम्पलेट

200] कंक्रीट डालने पर किसी भी हलचल को रोकने के लिए उपयोग किया जाता है।

ए] लकड़ी के रूप

बी] फाउंडेशन बोल्ट

सी] ग्राउटिंग

डी] टेम्पलेट

201] मशीन को चलने से रोकने के लिए नींव पर मजबूती से पकड़ कर रखता था।

ए] लकड़ी के रूप

बी] फाउंडेशन बोल्ट

सी] ग्राउटिंग

डी] टेम्पलेट

202] लकड़ी के पैटर्न जो मशीन के आधार का प्रतिनिधित्व करते हैं और खुदाई पर बोल्ट का समर्थन करते हैं।

ए] लकड़ी के रूप

बी] फाउंडेशन बोल्ट

सी] ग्राउटिंग

डी] खाका

203] इसे खुदाई में रखने के बाद कंक्रीट के दबाव को झेलने के लिए इसे बाहर से मजबूती से बांधा जाता है।

ए] लकड़ी के रूप

बी] फाउंडेशन बोल्ट

सी] ग्राउटिंग

डी] टेम्पलेट

204] मशीन के स्तर की जांच करने के लिए प्रयोग किया जाता है

ए] क्रोबार

बी] आत्मा स्तर

सी] लेवलिंग जैक

डी] कील

205] गैस द्वारा एक लैप पट्टिका जोड़ को ऊर्ध्वाधर स्थिति में वेल्ड करने के लिए वेल्ड की रेखा के नीचे पाइप का कोण क्या होना चाहिए?

ए] 30◦ से 40◦

बी] 45◦ से 50◦

सी] 60◦ से 70◦

डी] 75◦ से 80◦

206] निम्नलिखित में से किस कारक पर गैस वेल्डिंग के लिए फ्लक्स का चुनाव निर्भर करता है?

ए] शामिलहोनेवालीसामग्रीकाप्रकार

बी] किनारे के प्रवेश का प्रकार

सी] ईंधन गैस का प्रकार

डी] इस्तेमाल की जाने वाली लौ का प्रकार

207] 4 मिमी मोटे तांबे के बट के जोड़ पर गैस वेल्डिंग के लिए की जाने वाली बढ़त का प्रकार है...

ए] सिंगल बेवेल

बी] सिंगलवी

सी] डबल वी

डी] वर्ग

208] गैस वेल्ड के लिए प्रयुक्त नोजल का आकार 3.15 मिमी मोटा एल्यूमीनियम बट जोड़ है...

ए] 13

बी] 10

सी] 7

डी] 5

209] सिंगल वी के वी ग्रूव का कोण लेकिन कच्चा लोहा वेल्डिंग के लिए जोड़ है...

ए] 60◦

बी] 70◦

सी] 80◦

डी] 90◦

210] बहुत कम टॉर्क ट्रांसमिट करने के लिए।

ए] पंख कुंजी

बी] गिब हेड की

सी] वुड्रूफ़ कुंजी

डी] सैडल कुंजी

211] कुंजी का प्रोफाइल शाफ्ट को कमजोर करता है।

ए] पंख कुंजी

बी] गिब हेड की

सी] वुड्रूफ़ कुंजी

डी] सैडल कुंजी

212] यूनिडायरेक्शनल टॉर्क ट्रांसमिट करने के लिए।

ए] पंख कुंजी

बी] गिब हेड की

सी] वुड्रूफ़ कुंजी

डी] सैडल कुंजी

213] भारी टोक़ संचारित करने के लिए।

ए] पंख कुंजी

बी] गिब हेड की

सी] वुड्रूफ़ कुंजी

डी] सैडल कुंजी

214] रोटेशन की दोनों दिशाओं में प्रभाव प्रकार के बहुत उच्च टोक़ को संचारित करने के लिए।

ए] गिब हेड की

बी] वुड्रूफ़ कुंजी

सी] सैडल कुंजी

डी] स्पर्शरेखा कुंजी

215] शाफ्ट पर चटाई के टुकड़े के खिसकने या अक्षीय गति की अनुमति देता है।

ए] पंख कुंजी

बी] गिब हेड की

सी] वुड्रूफ़ कुंजी

डी] सैडल कुंजी

216] आसानी से निकाला जा सकता है।

ए] पंख कुंजी

बी] गिब हेड की

सी] वुड्रूफ़ कुंजी

डी] सैडल कुंजी

217] जीएल पाइप बाहरी रूप से प्रदान किए जाते हैं

ए] कोई धागा नहीं

बी] समानांतर धागे

सी] पतला धागे

डी] न तो समानांतर और न ही पतला धागे।

218] पाइप असेंबली में, गांजा पैकिंग का उपयोग किया जाता है

ए] आसान जुड़ाव के लिए

बी] धागे के बीच की खाई को भरने के लिए

सी] <u>रिसाव से बचने के लिए</u>

डी] तंग फिटिंग पाने के लिए।

219] सीलिंग कंपाउंड को पाइप थ्रेड्स पर लगाया जाएगा

ए] भांग पैकिंग से पहले

बी] <u>भांग पैकिंग के बाद</u>

सी] अस्थायी पैकिंग से पहले और बाद में

डी] उपरोक्त में से कोई नहीं।

220] अंकन से बचने के लिए तैयार ट्यूबलर रिंच सतहों पर उपयोग किया जाता है।

एक स्टिलसन पाइप

बी] <u>चेन रिंच</u>

सी] पट्टा रिंच

डी] पदचिह्न रिंच

221] सीमित स्थानों में पाइप और गोल स्टॉक को पकड़ने और मोड़ने के लिए प्रयुक्त होता है।

ए] स्टिलसन पाइप

बी] चेन रिंच

सी] पट्टा रिंच

डी] <u>पदचिह्न रिंच</u>

222] इयर्ज व्यास के पाइप रखने के लिए प्रयुक्त होता है।

ए] स्टिलसन पाइप

बी] <u>चेन रिंच</u>

सी] पट्टा रिंच

डी] पदचिह्न रिंच

223] पाइप, ट्यूब और बेलनाकार छड़ को पकड़ने और मोड़ने के लिए प्रयुक्त होता है।

ए] <u>स्टिलसन पाइप</u>

बी] चेन रिंच

सी] पट्टा रिंच

डी] पदचिह्न रिंच

224] रस्सी को छोटे पाइप या रिम तक सुरक्षित करता है।

ए] स्लिप नॉट

बी] बाउल नॉट

सी] स्क्वायर गाँठ

डी] भेड़ की टांग की गाँठ।

225] इसे मोड़कर कहीं भी ले जाया जा सकता है। त्वरित रिलीजिंग प्रकार पाइप वाइस के समान।

एक पोर्टेबल तह पाइप वाइस

बी] चेन पाइप वाइस

सी] पाइप वाइस

डी] उपरोक्त में से कोई नहीं

226] 63 मिमी से 200 मिमी व्यास से अधिक पाइप रखने के लिए प्रयुक्त होता है।

ए] पोर्टेबल फोल्डिंग पाइप वाइस

बी] चेन पाइप वाइस

सी] पाइप वाइस

डी] उपरोक्त में से कोई नहीं

227] त्वरित पकड़ और पाइप का पता लगाने के लिए प्रयुक्त। 63 मिमी व्यास तक पाइप रखने के लिए प्रयुक्त होता है।

ए] पोर्टेबल फोल्डिंग पाइप वाइस

बी] चेन पाइप वाइस

सी] पाइप वाइस

डी] उपरोक्त में से कोई नहीं

228] 90° . का विचलन प्रदान करता है

एक प्लग

बी] कोहनी

सी] बेंड

डी] रेड्यूसर 'टी' शाखा

229] समकोण पर लंबी त्रिज्या के साथ दिशा परिवर्तन प्रदान करता है।

एक प्लग

बी] कोहनी

सी] बेंड

डी] रेड्यूसर 'टी' शाखा

230] एक लाइन को बंद करने के लिए प्रयुक्त होता है जिसमें एक आंतरिक धागा होता है।

ए] प्लग

बी] कोहनी

सी] बेंड

डी] रेड्यूसर 'टी' शाखा

231] '45° . का विचलन प्रदान करता है

ए] बेंडो

बी] रेड्यूसर 'टी' शाखा

सी] कोहनी

डी] टी पीस

232] रन के लिए समकोण पर आउटलेट प्रदान करता है।

ए] बेंडो

बी] रेड्यूसर 'टी' शाखा

सी] कोहनी

डी] टी पीस

233] जहां ' पाइप व्यास में परिवर्तन की आवश्यकता होती है वहां प्रयुक्त होता है।

ए] बेंडो

बी] रेड्यूसर 'टी' शाखा

सी] कोहनी

डी] टी पीस

234] पूर्व का चयन किस पर निर्भर करता है

ए] पाइप के बाहरी व्यास

बी] पाइप की दीवार मोटाई

सी] पाइप का बोर व्यास

डी] उपरोक्त सभी।

235] एक शाखा प्रकार हाथ से संचालित पाइप झुकने वाली मशीन का उपयोग मोड़ने के लिए किया जाता है

ए] पीवीसीपाइप

बी] ऑनडुइट पाइप

सी] जीपाइप्स

डी] तांबे के पाइप।

236] हाइड्रोलिक पाइप बेंडिंग मशीन के इनर फॉर्मर्स पाइप को के व्यास तक मोड़ने में सक्षम होते हैं

ए] 40 मिमी

बी] 100 मिमी

सी] 20 मिमी

डी] 75 मिमी
237] चादरों को मोटी प्लेटों में मिलाने के लिए रिवेट्स।
ए] काउंटरसंक हेड
बी] फ्लैट सिर
सी] पैन हेड
डी] मशरूम
238] शीट मेटल में शामिल होने के लिए रिवेट्स।
ए] काउंटरसंक हेड
बी] फ्लैट सिर
सी] पैन हेड
डी] मशरूम
239] भारी निर्माण कार्य के लिए रिवेट्स।
ए] काउंटरसंक हेड
बी] फ्लैट सिर
सी] पैन हेड
डी] मशरूम
240] के लिए रिवेट्स मेटा\ सतह के ऊपर कीलक सिर की ऊंचाई को कम करता है
ए] काउंटरसंक हेड
बी] फ्लैट सिर
सी] पैन हेड
डी] मशरूम
241] आमतौर पर संरचनात्मक कार्यों के लिए उपयोग किए जाने वाले रिवेट्स।
ए] काउंटरसंक हेड
बी] फ्लैट सिर
सी] पैन हेड
डी] स्नैप हेड
242] एक स्लॉट की चौड़ाई मापने के लिए कैलीपर है...
ए] अजीब पैर कैलिपर
बी] बाहरी कैलिपर
सी] जेनी कैलिपर
डी] कैलिपरकेअंदर

caliper hand tools

कैलिपर

243] डिवाइडर का आकार ----- द्वारा निर्दिष्ट किया जाता है

ए] पैरों की कुल लंबाई

बी] पूरी तरह से खुलने पर बिंदुओं के बीच की दूरी

सी] बिना बिंदुओं के पैरों की लंबाई

डी] धुरीऔरबिंदुकेबीचकीदूरी

244] डेटम किनारे के समानांतर समानांतर रेखाओं को चिह्नित करने के लिए इस्तेमाल किया जाने वाला उपकरण है -

ए] जेनीकैलिपर

बी] डिवाइडर

सी] बाहरी कैलिपर

डी] कैलिपर के अंदर

245] निम्नलिखित में से कौन सा एक अप्रत्यक्ष माप उपकरण है?

ए] बाहरीकैलिपर

बी] वर्नियर कैलिपर

सी] स्टील नियम

डी] बाहरी माइक्रोमीटर

246] पतली ट्यूबिंग काटने के लिए, हैक्सॉ ब्लेड की सबसे उपयुक्त पिच है...

ए] 1.8 मिमी

बी] 1.4 मिमी

सी] 1 मिमी

डी] 0.8 मिमी

247] ठोस पीतल काटने के लिए, हैक्सॉ ब्लेड की सबसे उपयुक्त पिच है...

ए] 1.8 मिमी

बी] 1.4 मिमी

सी] 1 मिमी

डी] 0.8 मिमी

248] एक नया हैक्सॉ ब्लेड कुछ स्ट्रोक के बाद ढीला हो जाता है क्योंकि...

ए] <u>ब्लेडकाखिंचाव</u>

बी] विंग-अखरोट के धागे खराब हो रहे हैं

सी] ब्लेड की गलत पिच

डी] आरी के सेट का अनुचित चयन।

hacksaw Hacksaw Frame Blade

हक्सॉ फ्रेम

249] छोटे व्यास के पाइपों को काटते समय, नियमित रूप से देखने और यह सुनिश्चित करने की सलाह दी जाती है कि...

ए] कट घुमावदार रेखा के साथ है

बी] <u>अधिकदेखादांतअनुबंधमेंहैं</u>

सी] काम ज़्यादा गरम नहीं है

डी] हैकसॉ का उचित संतुलन बनाए रखा जाता है

250] वाइस क्लैंप का उपयोग किया जाता है...

ए] कठोर जबड़े की रक्षा करें

बी] काम के टुकड़ों को सख्ती से जकड़ें

सी] <u>तैयारसतहोंकीरक्षाकरें</u>

डी] जंगम जबड़े को दाखिल होने से रोकें

251] अंकन के दौरान संदर्भ सतह किसके द्वारा प्रदान की जाती है...

ए] भूतल गेज

बी] वर्कपीस

सी] काम का चित्रण

डी] <u>तालिकाकीसतहकोचिह्नितकरना</u>

252] एक इंजीनियर के वाइस का आकार किसके द्वारा निर्दिष्ट किया जाता है...

ए] जंगम जबड़े की लंबाई

बी] <u>जबड़ेकीचौड़ाई</u>

सी] वाइस की ऊंचाई

D] जबड़ों का अधिकतम खुलना

253] यूनिवर्सल सरफेस गेज का वह भाग जो एक डेटम एज के साथ समानांतर रेखा खींचने में मदद करता है, वह है ..

ए] रॉकर आर्म

बी] सुखद

सी] ठीक समायोजन पेंच

डी] गाइडपिन

universal surface gauge

Surface Gauge

यूनिवर्सल सरफेस गेज

254] स्क्राइबर किससे बने होते हैं...

ए] माइल्ड स्टील

बी] उच्चकार्बनस्टील

सी] पीतल

डी] कच्चा लोहा

255] हथौड़े के हैंडल को ठीक करने के लिए इस्तेमाल किया जाने वाला हिस्सा है...

एक चेहरा

बी] पीन

सी] गाल

डी] आँखकाछेद

hammer Hammers

हथौड़ा

256] अंकन के उद्देश्य के लिए हथौड़े का वजन है...

ए] 250g

बी] 500g

सी] 1 किलो

डी] 2 किग्रा

257] डिवाइडर का आकार किसके द्वारा निर्दिष्ट किया जाता है...

ए] पैरों की कुल लंबाई

बी] पूरी तरह से खुलने पर बिंदुओं के बीच की दूरी

सी] बिंदुओं के बिना पैरों की लंबाई

डी] धुरीऔरबिंदुकेबीचकीदूरी

258] 'वी' ब्लॉक के खांचे का सम्मिलित कोण हमेशा होता है....

ए] 45◦

बी] 60◦

सी] 90◦

डी] 120◦

259] 'वी' ब्लॉक के ग्रेड में उपलब्ध हैं...

ए] एऔरबी

बी] ए, बी और सी

सी] 1,2 और 3

डी] 1 और 2

260] ग्रेड 'बी' के 'वी' ब्लॉक किससे बने होते हैं?

ए] कच्चालोहा

बी] हल्के स्टील

सी] स्टील

डी] कास्ट स्टील

261] केंद्र का पता लगाने के लिए इस्तेमाल किए जाने वाले पंच का नाम बताइए।

ए] प्रिक पंच 30°

B] प्रिक पंच 60°

सी] केंद्रपंच

डी] डॉट पंच

262] सेंटर पंच का पॉइंट एंगल -------- होता है

ए] 30 डिग्री

बी] 50 डिग्री

सी] 900

डी] 1200

Centre punch 1 Punches

केंद्र पंच

263] घूंसे का उपयोग किसी भी आकार के ---------- बनाने के लिए किया जाता है

ए] छेद

बी] खनन

सी] नूरलिंग

सपना देखना

264] आम तौर पर वाइस के हैंडल की लंबाई ---------- होती है

ए] वाइस के सामान्य आकार का 1.5 गुना

बी] वाइसकेसामान्यआकारका 2.5 गुना

सी] वाइस के सामान्य आकार का 3.5 गुना

डी] वाइस के सामान्य आकार का 4.5 गुना

265] बेंच वाइस स्पिंडल .... का बना होता है।

ए] माइल्डस्टील

बी] कच्चा लोहा

सी] टूल स्टील

डी] कांस्य

bench vice Bench Vice

बेंच वाइस

266] फाइलों की उत्तलता मदद करती है...

ए] अवतल सतहों को फाइल करने के लिए

बी] उत्तल सतहों को फाइल करने के लिए

सी] कामकेकिनारोंकोगोलकरनेसेरोकनेकेलिए

D] दबाव डालने पर फाइल सीधी हो जाती है

267] लकड़ी, चमड़ा और अन्य नरम सामग्री भरने के लिए किस फाइल का उपयोग किया जाता है? .

ए] सिंगल कट फाइल

बी] डबल कट फ़ाइल

सी] रास्पकटफ़ाइल

डी] घुमावदार कट फ़ाइल

268] प्रयुक्त फाइल का प्रयोग ------------ के लिए किया जाता है

ए] काम के टुकड़े की सफाई

सी] फ़ाइल दांतों का नवीनीकरण

बी] फाइलदांतोंकीसफाई

डी] चिप्स की सफाई

files 1 Files

फ़ाइलें

269] फाइल कार्ड का प्रयोग ---------- के लिए किया जाता है

ए] काम के टुकड़े को साफ करें

सी] फ़ाइल दांत नवीनीकृत करें

बी] फाइलदांतसाफकरें

270] स्क्राइबर का बिंदु कोण है -----------

ए] 30 डिग्री

बी] 60 डिग्री

सी] 5° से 10°

डी] 12° से 15°

271] कच्चा लोहा काटने के लिए काटने का कोण है...

ए] 37.5◦

बी] 55◦

सी] 60◦

डी] 90◦

272] छेनी सामग्री में खोदेगी जब...

ए] रेक कोण अधिक है

बी] निकासी कोण बहुत कम है

सी] झुकावकाकोणअधिकहै

डी] झुकाव का कोण बहुत कम है

273] अत्याधुनिक को थोड़ा उत्तलता दी गई है...

ए] घुमावदार सतहों को काटें

बी] तेज कोनों को काटें

सी] सिरोंकीखुदाईरोकें

डी] स्नेहक को प्रवेश करने दें

274] सरफेस प्लेट्स किससे बनी होती हैं...

ए] उच्च ग्रेड कास्ट स्टील

बी] महीनदानेवालाकच्चालोहा

सी] मिश्र धातु स्टील्स

डी] गढ़ा लोहा

275] सतह की प्लेटें उनकी लंबाई और चौड़ाई से निर्दिष्ट होती हैं और में होती हैं

ए] डेसीमीटर

बी] घन मीटर

सी] बेलनाकार

276] एंगल प्लेट के मशीनी हिस्से पर पसलियों को दिया गया है...

ए] आसान हैंडलिंग

बी] निर्माण में सुविधा
सी] मशीनों पर सेट करते समय क्लैंपिंग
डी] <u>कठोरताऔरविरूपणकोरोकनेकेलिए</u>
277] एंगल प्लेट पर स्लॉट किसके लिए दिए गए हैं...
ए] वजन कम करना
बी] काम को संरेखित करना
सी] हुक का उपयोग करके उठाना
डी] <u>समायोजितबोल्ट</u>।
278] कोण प्लेटों का आकार किसके द्वारा बताया गया है...
भार
बी] लंबाई
सी] लंबाई x चौड़ाई
डी] <u>आकारसंख्या</u>
279] निर्माण के अनुसार लेथ कितने प्रकार के होते हैं?
दो
बी] तीन
<u>सी] चार</u>
डी] पांच

<u>lathe</u> <u>lathe machine</u>

<u>LATHE मशीन</u>

280] सेंटर लेथ कितने प्रकार के होते हैं?
दो
बी] तीन
सी] चार
<u>डी] पांच</u>
281] खराद कितने प्रकार के होते हैं?

ए] दो

बी] तीन

सी] चार

डी] पांच

282] रोलर लेथ किस प्रकार का खराद है?

ए] बेंच खराद

बी] विशेषखराद

सी] उत्पादन खराद

डी] केंद्र खराद

283] बड़े पैमाने पर उत्पादन के लिए किस मशीन का उपयोग किया जाता है?

ए] केंद्र खराद

बी] उत्पादनखराद

सी] विशेष खराद

डी] इंजन खराद

284] अधिक सटीक कार्य के लिए किस खराद का प्रयोग किया जाता है?

ए] केंद्र खराद

बी] विशेष खराद

सी] उत्पादन खराद

डी] टूलरूमलेथ

285] टूल रूम लेथ की सटीकता है..] से लेकर कंपियर सेंटर लेथ तक]

(एक कम

(बी) अधिक

(सी) बहुत कम

(डी) समान

286] लोकोमोटिव में एक्सल के साथ असेंबल व्हील चालू हो रहा है ...... खराद

(ए) केंद्र खराद

(बी] टूल रूम लेथ

(सी) व्हील लेथ

(डी) गैप बेड लेथ

287] ऑड और असमान जॉब टर्निंग के लिए निम्नलिखित में से कौन सा सहायक उपकरण उपयोग किया जाता है?

(ए) तीन जबड़े चक

(बी) दो जबड़े चक

(सी) ड्राइविंग प्लेट

(डी) फेस प्लेट

lathe chuck Lathe Chuck

खराद तीन जबड़े चक

288] एक खराद पर एक अनियमित आकार का वर्कपीस चालू किया जाता है] निम्नलिखित में से कौन सा वर्क होल्डिंग एक्सेसरीज़ का उपयोग किया जाता है?

ए] दो जबड़े चक

बी] तीन जबड़े चक

सी] ड्राइविंग प्लेट

डी] फेसप्लेट

289] स्थिर विश्राम के पैड किससे बने होते हैं?

ए] कार्बन स्टील

बी] सीसा

सी] हल्के स्टील

डी] पीतल

290] एक स्थिर विश्राम का उपयोग किया जाता है

ए] नौकरी रखने के लिए

बी] फेस प्लेट के काम के लिए

सी] नौकरी चलाने के लिए

डी] नौकरीकासमर्थनकरनेकेलिए

291] एक अनुयायी स्थिर पर आयोजित किया जाता है

ए] खराद बिस्तर

बी] खरादगाड़ी

सी] खराद धुरी

डी] टेलस्टॉक

292] लंबे काम के टुकड़ों को मोड़ते समय, निम्नलिखित का उपयोग किया जाता है

एक आस्तीन

बी गियर बदलें

<u>सी स्थिर आराम</u>

डी ब्रैकेट]

293] टेंपर शैंक ड्रिल मशीन पर किसके माध्यम से आयोजित की जाती है...

ए] चक्स

<u>बी] आस्तीन</u>

सी] बहाव

डी] वाइस

294] ड्रिल चक ड्रिलिंग मशीन स्पिंडल पर किस माध्यम से फिट किए जाते हैं...

ए] घुमावदार अंगूठी

<u>बी] आर्बोर</u>

सी] बहाव

डी] पिनियन और कुंजी

drilling drilling machine

ड्रिलिंग

295] अभ्यास पर प्रदान किया गया मोर्स टेपर के बीच...

ए] <u>एमटी 1 सेएमटी 5</u>

बी] मीट्रिक टन 1 से मीट्रिक टन 4

सी] एमटी 0 से एमटी 5

डी] एमटी 0 से एमटी 4

296] एक ड्रिफ्ट का उपयोग किया जाता है...

ए] एक ड्रिल स्थान बनाना

बी] मशीन स्पिंडल पर चक फिक्सिंग

C] टूटी हुई ड्रिल को काम से हटाना

डी] <u>मशीनस्पिंडलसेड्रिलकोहटाना</u>

297] जब ड्रिल का टेंपर शैंक मशीन स्पिंडल से बड़ा होता है, तो ड्रिल को होल्ड करने का उपकरण एक...

ए] ड्रिल आस्तीन

बी] <u>टेपरसॉकेट</u>

सी] ड्रिल बहाव

डी] चक और कुंजी

298] माइक्रोमीटर के बाहर एक मीट्रिक की शुद्धता या अल्पतमांक है ---------

ए] 0-1 मिमी

<u>बी] 0.01 मिमी</u>

सी] 0.001 मिमी

डी] 0.02 मिमी

micrometer2 Out Side Micrometer

माइक्रोमीटर

299] 1000 माइक्रोन का मतलब -----

ए] 1 मिमी

<u>बी] 1 एम</u>

सी] 1000 मिमी

डी] 10 सेमी

300] एक मीट्रिक माइक्रोमीटर में, थिम्बल अग्रिमों की एक पूर्ण क्रांति ------------

ए] 0.01 मिमी

बी] 0.25 मिमी

<u>सी] 0.50 मिमी</u>

डी] 100 मिमी

301] माइक्रोमीटर में शाफ़्ट स्टॉप ------------ में मदद करता है

<u>ए] दबावकोनियंत्रितकरें</u>

बी] स्पिंडल को लॉक करें

सी] शून्य त्रुटि समायोजित करें

डी] काम के टुकड़े को पकड़ो

302] 1000 माइक्रोन मतलब ------------

<u>ए] 1 मिमी</u>

बी] 1 एम

सी] 1000 मिमी

डी] 10 सेमी

303] माइक्रोमीटर के बाहर 50-75 मिमी की शून्य रीडिंग क्या है?

ए] 0000 मिमी

बी] 001 मिमी

सी] 2500 मिमी

<u>डी] 5000 मिमी</u>

304] माइक्रोमीटर के बाहर एक मीट्रिक की आस्तीन पर सबसे छोटे विभाजन का मान है -----

<u>ए] 050 मिमी</u>

बी] 100 मिमी

सी] 150 मिमी

डी] 200 मिमी

305] माइक्रोमीटर में शाफ़्ट स्टॉप ---------- में मदद करता है

<u>ए] दबावकोनियंत्रितकरें</u>

बी] स्पिंडल को लॉक करें

सी] शून्य त्रुटि समायोजित करें

डी] काम के टुकड़े को पकड़ो

306] एक गहराई माइक्रोमीटर के स्नातक हैं...

ए] बाहरी माइक्रोमीटर के समान

बी] <u>बाहरीमाइक्रोमीटरकेविपरीतदिशामें, थिम्बलऔरआस्तीनदोनों</u>

सी] केवल आस्तीन पर विपरीत दिशा में

D] केवल थिम्बल पर दिशा में

Depth micrometer 1 Depth Micrometer

गहराई माइक्रोमीटर

307] वर्नियर कैलिपर की सबसे छोटी संख्या है (मुख्य पैमाना = 49 डिवीजन, वर्नियर स्केल = 50 डिवीजन]

ए] 0.1 मिमी
बी] 0.01 मिमी
सी] 0.001 मिमी
<u>डी] 0.02 मिमी</u>

vernier calliper 1 Vernier Caliper

वर्नियर कैलिपर

308] वर्नियर कैलिपर का उपयोग करके किए गए माप का प्रकार है------
ए] प्रत्यक्ष माप
<u>बी] अप्रत्यक्षमाप</u>
सी] 90"] (ए) 81 (बी]
डी] इनमें से कोई नहीं

309] डायल टेस्ट इंडिकेटर माप को इस प्रकार दिखाता है:
ए] घटक का वास्तविक आकार
बी] 5 मिमी . के दो चरणों के बीच का अंतर
सी] <u>एकसूचककेमाध्यमसेआकारमेंआवर्धितछोटेबदलाव</u>
डी] आयाम का प्रत्यक्ष पठन

dial test indicator 1 Dial Guage

<u>डायलटेस्टइंडिकेटर</u>

310] वी-ब्लॉक और डायल इंडिकेटर विधि का उपयोग को मापने के लिए किया जाता है
ए] वर्कपीस ग्राउंड की लंबाई
<u>बी] वर्कपीसकीसतहकीगोलाई</u>

सी] सतह की समतलता

डी] धागे की पिच

311] डायल टेस्ट इंडिकेटर के बारे में निम्नलिखित में से कौन सा सही नहीं है?

ए] इसके डायल पर 100 डिवीजन हैं

बी] स्टेम की गति गियर ट्रेन के माध्यम से डायल में स्थानांतरित हो जाती है

सी] इसकीसटीकता 01 मिमी . है

312] वर्कशॉप में आमतौर पर किस ग्रेड के स्लिप गेज का इस्तेमाल किया जाता है?

ए] ग्रेड 0

बी] ग्रेड एल

सी] ग्रेड एच

डी] ग्रेड 0

313] भारतीय मानकों के अनुसार एक विशेष सेट गेज का उपयोग किया जाता है जिसमें

ए] 81 टुकड़े

बी] 112 टुकड़े

सी] 120 टुकड़े

डी] 130 टुकड़े

slip gauge 1 Slip Gauge

पर्ची गेज

314] संदर्भ गेज की सटीकता है

ए] 005 मिमी

बी] 001 मिमी

सी] 0001]

डी] 00001 मिमी

315] स्लिप गेज पर चींटी की गड़गड़ाहट के मामले में, इसे हटा दिया जाना चाहिए

ए] भरना

बी] लैपिंग

सी] स्क्रैपिंग

डी] पीस

316] स्लिप गेज की कठोरता कितनी होनी चाहिए?

ए] 63 सेअधिकएचआरसी

बी] 58 एचआरसी

सी] 55 एचआरसी

डी] 50 एचआरसी

317] ------------- 001 मिमी की सटीकता के भीतर घटक की जाँच के लिए स्लिप गेज का उपयोग किया जाता है]

ए] कार्यशालागेज

बी] निरीक्षण गेज

सी] संदर्भ गेज

डी] रिंग गेज

318] , ------------ सटीक उपकरण की सटीकता की जांच के लिए प्रयोग किया जाता है]

ए] गेजब्लॉक

बी] फादर गेज

सी] साइन बार

डी] प्लग गेज

319] सटीकता सुनिश्चित करने के लिए उपयोग करने से पहले स्लिप गेज को साफ किया जाता है] इस उद्देश्य के लिए आप किस माध्यम का उपयोग करेंगे?

ए] तेल

बी] पतला

सी] कार्बनटेट्राक्लोराइड / सफेदपेट्रोल

डी] तारपीन का तेल

320] समान घटकों की आयामी सटीकता की जांच करने के लिए, एक डायल परीक्षण संकेतक t 6 आकार के लिए सेट किया जाता है और एक तुलनित्र के रूप में उपयोग किया जाता है] डायल परीक्षण संकेतक पर सेट करने के लिए आप क्या उपयोग करेंगे?

ए] डायल टेस्ट इंडिकेटर

बी] टीटर गेज

सी] पर्चीगेज

डी], सतह गेज

321] साइन बार के बारे में निम्नलिखित में से कौन सा कथन सही नहीं है?

ए] दोनों तरफ रखे टो सटीक रोलर्स का उपयोग करता है

बी] क्रोमियम स्टील से बना है

C] सतह लैप्ड है

डी] छिद्रोंकीकेंद्ररेखाएंशीर्षसतहकीओरझुकीहोंगी

sine bar 1 Sine Bar

साइन बार

322] एक स्लिप गेज एक ---------- है

ए] आयताकारब्लॉक

बी] स्क्वायर ब्लॉक

सी] क्यूबिक ब्लॉक

323] स्लिप गेज की चौथी श्रृंखला में, सेट 46 पीस में निम्नलिखित में से कौन सी श्रेणी सही है?

ए] 10 से 90 मिमी

बी] 1001 101009 मिमी

सी] 101 से 109 मिमी

डी] '11' से_-19 मिमी

324] स्लिप गेज की 5वीं श्रृंखला में, सेट 46 पीस में निम्नलिखित में से कौन सी श्रेणी सही है -

ए] 100 से 100 मिमी '

बी] 1001 से 1009 मिमी

सी] 101 से 009mrn

डी] 11 से 9 मिमी

325] स्लिप गेज की 2NDS श्रृंखला में, 45 पीस के सेट में निम्नलिखित में से कौन सी श्रेणी सही है-

ए] 10 से 90 मिमी

बी] 1001 से 1] 009 मिमी

सी] 101 से 109 मिमी

डी] 11 से 19 मिमी

326] स्लिप गेज की तीसरी श्रृंखला में, सेट 46 पीस में निम्नलिखित में से कौन सा रेंज सही है –

ए] 100 से 100 मिमी

बी] 1001 से 1009 मिमी

सी] 101 से 109 मिमी

<u>डी] 11 से 19 मिमी</u>

327] स्लिप गेज की पहली श्रृंखला में, सेट 46 पीस में निम्नलिखित में से कौन सा रेंज सही है -

<u>ए] 0001 मिमी</u>

बी] 001 मिमी

सी] 01 मिमी

डी] 10 मिमी

328] स्लिप गेज की दूसरी श्रृंखला में, 46 टुकड़ों के सेट में निम्नलिखित में से कौन सा कदम सही है -

ए] 0001 मिमी

<u>बी] 001 मिमी</u>

सी] 01 मिमी

डी] 1-0 मिमी

329] स्लिप गेज की तीसरी श्रृंखला में, सेट 46 पीस में निम्नलिखित में से कौन सा चरण सही है?

ए] 0001 मिमी

बी] 001 मिमी

<u>सी] 01 मिमी</u>

डी] 10 मिमी

330] साइन बार का बना होता है

ए] उच्च कार्बन स्टील

बी] उच्च गति स्टील

सी] निकल स्टील

<u>डी] स्थिर क्रोमियम स्टील]</u>

331] साइन बार का उपयोग के लिए किया जाता है

ए] ड्रिलिंग के लिए नौकरी को समतल करना

<u>B] टेपर जॉब का कोण ज्ञात करना</u>

सी] छिद्रों का व्यास मापना

डी] धागे की प्रोफाइल जांच रहा है]

332] साइन बार की लंबाई के बीच की दूरी है

ए] साइन बार के एक छोर से दूसरे छोर तक

बी] साइन बार की विकर्ण क्रॉस लंबाई

<u>सी] रोलर्स के बीच केंद्र से केंद्र</u>

डी] रोलर्स के बीच बाहर से बाहर]

333] साइन बार का आकार इसके द्वारा निर्दिष्ट किया जाता है

भार

बी] चौड़ाई का माप

सी] लंबाई

डी] सेटिंग का अधिकतम कोण]

334] साइन बार के एक छोर पर स्टॉपर प्रदान करने का उद्देश्य है

ए] आसान हैंडलिंग

बी] नौकरी को फिसलने से रोकना]

सी] पर्ची गेज का समर्थन

डी] सेटिंग करते समय संदर्भ के रूप में उपयोग करना]

335] एक साइन बार उसके शरीर पर समान रूप से चार या पांच छेद के साथ बनाया जाता है] इन छेदों का उद्देश्य है

ए] साइनबारकोआसानीसेसंभालें

बी] पाप बार का वजन कम करें

सी] साइन बार की ऊपरी सतह के विरूपण को रोकें

डी] साइन बार को अच्छा रूप दें

336] साइन बार का उपयोग के लिए किया जाता है

ए] छिद्रों के व्यास को मापना '

B] टेपरजॉबकाकोणज्ञातकरना

सी] ड्रिलिंग के लिए नौकरी को समतल करना

डी] एक थ्रेड की प्रोफाइल चकिंग

337] साइन बार का उपयोग करके कोणों को मापने के लिए स्लिप गेज की ऊंचाई और के बीच के अनुपात के अनुसार बनाए गए कोण

ए] साइनबारकीऊंचाई

बी] संख्या पर्ची गेज

सी] साइन बार की लंबाई

डी] साइन बार की चौड़ाई

338] ----------- 1 की सटीकता के भीतर कोण की जाँच के लिए प्रयोग किया जाता है]

ए] गेज

बी] साइनबार

सी] मंदिर

डी] टेलीस्कोपिक गेज

339] यदि साइन बार हैं तो संपर्क रोलर्स और डेटम सतह की केंद्र रेखा

ए] वही लाइन ''

<u>बी] समानांतर</u>

सी] झुका हुआ

डी] लंबवत

340] साइन बार किससे बना होता है -

ए] उच्च कार्बन स्टील

<u>बी] स्थिरक्रोमियमस्टील '</u>

सी] हाई स्पीड स्टील

डी] निकल स्टील

341] वर्नियर बेवल प्रोट्रैक्टर की न्यूनतम संख्या है

ए] 1"

बी] <u>5'</u>

सी] 1°

डी] 5

vernier bevel protractor 3 Vernier Bevel Protractor

वर्नियर बेवल प्रोट्रैक्टर

342] वर्नियर बेवल प्रोट्रैक्टर का वह भाग जो आमतौर पर कोणों को मापने के लिए संदर्भ आधार के रूप में उपयोग किया जाता है, वह है

एक ब्लेड

बी] <u>स्टॉक</u>

सी] डिस्क

सी] मुख्य पैमाने

343] वर्नियर बेवल रक्षक का वह भाग जिस पर मुख्य पैमाने पर विभाजन अंकित होते हैं, है

स्टॉक

बी] डायल

सी] <u>डिस्क</u>

डी] समायोज्य ब्लेड

344] बेवल प्रोट्रैक्टर का वह भाग, जो मापते समय झुकी हुई सतह के संपर्क में आता है, है

ए] ब्लेड

बी] स्टॉक

सी] डिस्क

डी] डायल

345] वर्नियर बेवल प्रोट्रैक्टर के मुख्य पैमाने के प्रत्येक भाग का मान है

ए] 5'

बी] 1◦

सी] 5◦

डी] 10◦

346] एक बेवल प्रोट्रैक्टर के वर्नियर स्केल के प्रत्येक भाग का मान होता है

ए] 1◦

बी] 1◦5'

सी] 1◦55'

डी] 5'

347] धुरी कार्य तालिका के लंबवत है

ए] क्षैतिज मिलिंग मशीन

बी] लंबवतमिलिंगमशीन

सी] यूनिवर्सल मिलिंग मशीन]

डी] खराद मशीन

milling
machine2 milling machine

लंबवत मिलिंग मशीन

348] टेबल को क्षैतिज तल में घुमाया जा सकता है

ए] क्षैतिज मिलिंग मशीन

बी] लंबवत मिलिंग मशीन
सी] <u>यूनिवर्सलमिलिंगमशीन</u>]
डी] खराद मशीन
349] धुरी कार्य तालिका के लिए क्षैतिज है
ए] <u>क्षैतिजमिलिंगमशीन</u>
बी] लंबवत मिलिंग मशीन
सी] यूनिवर्सल मिलिंग मशीन]
डी] खराद मशीन
350] कठोर, मजबूत और भारी काम को समायोजित करता है
ए] <u>क्षैतिजमिलिंगमशीन</u>
बी] लंबवत मिलिंग मशीन
सी] यूनिवर्सल मिलिंग मशीन]
डी] खराद मशीन
351] इस मशीन पर बोरिंग, की-वे कटिंग, प्रोफाइल मिलिंग की जा सकती है
ए] क्षैतिज मिलिंग मशीन
बी] <u>लंबवतमिलिंगमशीन</u>
सी] यूनिवर्सल मिलिंग मशीन]
डी] खराद मशीन
352] इस मशीन पर पेचदार खांचे और गियर मिल सकते हैं।
ए] क्षैतिज मिलिंग मशीन
बी] लंबवत मिलिंग मशीन
सी] <u>यूनिवर्सलमिलिंगमशीन</u>]
डी] खराद मशीन

gears gears

<u>गियर</u>

353] कॉलम पर स्लाइड मूवमेंट
ए] अनुदैर्ध्य फ़ीड
बी] क्रॉस फीड
सी] <u>लंबवतफ़ीड</u>

डी] परिपत्र फ़ीड]

354] घुटने पर स्लाइड मूवमेंट

ए] अनुदैर्ध्य फ़ीड

बी] क्रॉसफीड

सी] लंबवत फ़ीड

डी] परिपत्र फ़ीड]

355] रोटरी टेबल

ए] अनुदैर्ध्य फ़ीड

बी] क्रॉस फीड

सी] लंबवत फ़ीड

डी] परिपत्रफ़ीड]

356] टेबल ट्रैवर्स]

ए] अनुदैर्ध्यफ़ीड

बी] क्रॉस फीड

सी] लंबवत फ़ीड

डी] परिपत्र फ़ीड

357] धुरी कार्य तालिका के लंबवत है

ए] क्षैतिज मिलिंग मशीन

बी] लंबवतमिलिंगमशीन

सी] यूनिवर्सल मिलिंग मशीन]

डी] खराद मशीन

358] टेबल को क्षैतिज तल में घुमाया जा सकता है

ए] क्षैतिज मिलिंग मशीन

बी] लंबवत मिलिंग मशीन

सी] यूनिवर्सलमिलिंगमशीन]

डी] खराद मशीन

359] स्पिंडल कार्य तालिका के लिए क्षैतिज है

ए] क्षैतिजमिलिंगमशीन

बी] लंबवत मिलिंग मशीन

सी] यूनिवर्सल मिलिंग मशीन]

डी] खराद मशीन

360] कठोर, मजबूत और भारी काम को समायोजित करता है

ए] क्षैतिजमिलिंगमशीन

बी] लंबवत मिलिंग मशीन

सी] यूनिवर्सल मिलिंग मशीन]

डी] खराद मशीन

361] इस मशीन पर बोरिंग, की-वे कटिंग, प्रोफाइल मिलिंग की जा सकती है

ए] क्षैतिज मिलिंग मशीन

बी] लंबवतमिलिंगमशीन

सी] यूनिवर्सल मिलिंग मशीन]

डी] खराद मशीन

362] इस मशीन पर पेचदार खांचे और गियर मिल सकते हैं।

ए] क्षैतिज मिलिंग मशीन

बी] लंबवत मिलिंग मशीन

सी] यूनिवर्सलमिलिंगमशीन]

डी] खराद मशीन

363] कॉलम पर स्लाइड मूवमेंट

ए] अनुदैर्ध्य फ़ीड

बी] क्रॉस फीड

सी] लंबवतफ़ीड

डी] परिपत्र फ़ीड]

364] घुटने पर स्लाइड मूवमेंट

ए] अनुदैर्ध्य फ़ीड

बी] क्रॉसफीड

सी] लंबवत फ़ीड

डी] परिपत्र फ़ीड]

365] रोटरी टेबल

ए] अनुदैर्ध्य फ़ीड

बी] क्रॉस फीड

सी] लंबवत फ़ीड

डी] परिपत्रफ़ीड]

366] टेबल ट्रैवर्स]

ए] अनुदैर्ध्यफ़ीड

बी] क्रॉस फीड

सी] लंबवत फ़ीड

डी] परिपत्र फ़ीड]

367] रिटर्न स्ट्रोक के दौरान उपकरण को ऊपर उठाने में मदद करता है

ए] शेपरकाक्लैपरबॉक्स

बी] घुमाव हाथ
सी] पंजा और शाफ़्ट
डी] बैल गियर
368] आधार के निचले भाग में पिवट किया गया
ए] शेपर का क्लैपर बॉक्स
बी] घुमावहाथ
सी] पंजा और शाफ़्ट
डी] बैल गियर
369] फ़ीड तंत्र के लिए अभिप्रेत है
ए] शेपर का क्लैपर बॉक्स
बी] घुमाव हाथ
सी] पंजाऔरशाफ़्ट
डी] बैल गियर
370] रिटर्न स्ट्रोक के दौरान उपकरण को ऊपर उठाने में मदद करता है
ए] शेपरकाक्लैपरबॉक्स
बी] घुमाव हाथ
सी] पंजा और शाफ़्ट
डी] बैल गियर
371] पिनियन द्वारा संचालित
ए] शेपर का क्लैपर बॉक्स
बी] घुमाव हाथ
सी] पंजा और शाफ़्ट
डी] बैलगियर
372] यह काठी ढोता है
बी] घुमाव हाथ
सी] पंजा और शाफ़्ट
डी] बैल गियर
ई] क्रॉसरेल
373] यह बुल गियर फेस पर लगा होता है
ए] शेपर का क्लैपर बॉक्स
बी] घुमावहाथ
सी] पंजा और शाफ़्ट
डी] बैल गियर
374] यह रिटर्न स्ट्रोक के दौरान फिसल जाता है।

ए] शेपर का क्लैपर बॉक्स

बी] घुमाव हाथ

सी] <u>पंजाऔरशाफ़्ट</u>

डी] बैल गियर

375] कोणीय सतहों को आकार देते समय घुमाया जा सकता है

बी] क्लैपर ब्लॉक

सी] टूल पोस्ट

डी] हिंगेड पेन

ई] <u>कुंडाआधार</u>

376] यह काटने के उपकरण को पकड़ने और गहराई और कट की स्थिति निर्धारित करने के लिए एक उपकरण है

ए] क्लैपर बॉक्स

बी] क्लैपर ब्लॉक

सी] <u>टूलपोस्ट</u>

डी] हिंगेड पेन

377] वापसी स्ट्रोक के दौरान क्लैपर बॉक्स इसके चारों ओर घूमने के लिए स्वतंत्र है।

ए] क्लैपर बॉक्स

बी] क्लैपर ब्लॉक

सी] टूल पोस्ट

डी] <u>हिंगेडपेन</u>

378] टूल या टूल होल्डर को मजबूती से पकड़ता है

ए] क्लैपर बॉक्स

बी] क्लैपर ब्लॉक

सी] <u>टूलपोस्ट</u>

डी] हिंगेड पेन

379] वापसी स्ट्रोक के दौरान लिफ्ट

ए] <u>क्लैपरबॉक्स</u>

बी] क्लैपर ब्लॉक

सी] टूल पोस्ट

डी] हिंगेड पेन

380] कौन सा ऑपरेशन है जो स्लॉटिंग मशीन पर नहीं किया जा सकता है?

ए] कुंजी रास्ता स्लॉटिंग

बी] डोवेलटेल स्लॉटिंग

सी] गियर काटना

डी] <u>धागाकाटना</u>

thread2 screw threads

धागा

381] एसेसरीज के साथ स्लॉटर टेबल को कौन सा फीड नहीं दिया जा सकता है

ए] अनुदैर्ध्य

बी] रोटरी

सी] <u>लंबवत</u>

डी] क्रॉस

382] स्लॉटर का आकार उसके अधिकतम द्वारा निर्दिष्ट किया जाता है

ए] टेबल की अनुदैर्ध्य यात्रा

बी] टेबल और राम के बीच की ऊंचाई

सी] टेबल की क्रॉसवाइज यात्रा

डी] <u>रामकेस्ट्रोककीलंबाई</u>

383] उत्तल सतह को स्लॉट करने के लिए, काटने के उपकरण की आवश्यकता होती है

ए] चौकोर नाक उपकरण

बी] <u>गोलनाकउपकरण</u>

सी] कीवे टूल

डी] कॉर्नरिंग टूल

384] उत्तल सतह का उपयोग करके स्लॉट किया जा सकता है

ए] अनुदैर्ध्य फ़ीड

बी] <u>रोटरीफीड</u>

सी] क्रॉस फीड

डी] लंबवत फ़ीड

385] एक स्लॉटिंग मशीन में त्वरित वापसी तंत्र का उद्देश्य है:

ए] काटने का समय कम करें

बी] तेजी से वापसी स्ट्रोक है

सी] मानक काटने की गति बनाए रखें

डी] <u>तेजीसेनिष्क्रियस्ट्रोकवालेनिष्क्रियसमयकोकमकरें।</u>

386] स्लॉटिंग मशीन का मुख्य फीड शाफ्ट ड्राइव बाई है
ए] बेवल गियर तंत्र
बी] पावलऔरशाफ़्टव्हीलतंत्र
सी] गिलास गियर तंत्र।
डी] कृमि और कृमि गियर तंत्र।
387] वसंत के साथ भरी हुई
ए] सादा या बॉक्स प्रकार उपकरण धारक
बी] एक्सटेंशन टूल होल्डर
C] रिलीविंगटाइपटूलहोल्डर
डी] घूर्णन उपकरण धारक]

springs3 dr Springs Drawing

ड्राइंग में स्प्रिंग्स

388] सामान्य प्रयोजन के काम के लिए
ए] सादायाबॉक्सप्रकारउपकरणधारक
बी] एक्सटेंशन टूल होल्डर
C] रिलीविंग टाइप टूल होल्डर
डी] घूर्णन उपकरण धारक]
389] 4 पदों पर 90° के लिए अनुक्रमण की अनुमति देता है
ए] सादा या बॉक्स प्रकार उपकरण धारक
बी] एक्सटेंशन टूल होल्डर
C] रिलीविंग टाइप टूल होल्डर
डी] घूर्णनउपकरणधारक]
390] बड़े घेरे बनाने के लिए
ए] सादा या बॉक्स प्रकार उपकरण धारक
बी] एक्सटेंशनटूलहोल्डर
C] रिलीविंग टाइप टूल होल्डर

डी] घूर्णन उपकरण धारक]

391] रिटर्न स्ट्रोक में टूल को हटा देता है]

ए] सादा या बॉक्स प्रकार उपकरण धारक

बी] एक्सटेंशन टूल होल्डर

सी] रिलीविंगटाइपटूलहोल्डर

डी] घूर्णन उपकरण धारक]

392] परिरक्षित धातु चाप वेल्डिंग की प्रक्रिया के तहत वर्गीकृत किया गया है...

ए] विद्युत प्रतिरोध वेल्डिंग

बी] विशेष वेल्डिंग

सी] इलेक्ट्रिकआर्कवेल्डिंग

डी] इलेक्ट्रो गैस वेल्डिंग

393] इलेक्ट्रोड धारक के आकार को कैसे निर्दिष्ट करें?

ए] इसके वजन से

बी] इसके आकार से

सी] इसकीवर्तमानवहनक्षमताद्वारा

D] इसे बनाने के लिए प्रयुक्त धातु द्वारा

394] एक वोल्टेज स्रोत एक 20 ओम प्रतिरोध में 40V की एक IR ड्रॉप, 30 ओम प्रतिरोध में 60V और सभी श्रृंखला में 90 ओम प्रतिरोध में 180V का उत्पादन करता है] लागू वोल्टेज कितना है?

ए] 180 वी

बी] 240 वी

सी] 100 वी

डी] 280 वी

395] ट्यूब लाइट सर्किट में चोक का प्रारंभिक कार्य है...

ए] प्रारंभिक धारा को सीमित करें

बी] उच्चवोल्टेजप्रेरित

सी] फिलामेंट को गर्म करें

डी] चालू करने के बाद वर्तमान को सीमित करें

396] पीक-टू-पीक वोल्टेज 99वी है] साइन वेव का प्रभावी मूल्य कितना बड़ा है?

ए] 70 वी

बी] 44.5 वी

सी] 49.5 वी

डी] 35 वी

397] एक मूविंग कॉइल वाल्टमीटर 10 वी एसी पढ़ता है] प्रभावी वोल्टेज कितना बड़ा है?

एक उच्च

बी] निचला

सी] वही

डी] 10% अधिक

398] एक संधारित्र 200 वोल्ट एसी लाइन से जुड़ा है, इसकी न्यूनतम वोल्टेज रेटिंग होनी चाहिए...

ए] 100 वोल्ट

बी] 200 वोल्ट

सी] 300 वोल्ट

डी] 400 वोल्ट

399] कार्बन जिंक सेल का नाममात्र आउटपुट वोल्टेज कितना है?

ए] 12वी

बी] 1.5V

सी] 2.0 वी

डी] 2.2 वी

400] सेल श्रृंखला में जुड़े हुए हैं ..

ए] आउटपुटवोल्टेजबढ़ाएं

बी] आउटपुट वोल्टेज घटाता है

सी] आंतरिक प्रतिरोध कम करें

डी] वर्तमान क्षमता में वृद्धि

401] एक अज्ञात डीसी वोल्टेज को मापा जाना है, आप सबसे पहले किस माप रेंज का चयन करेंगे?

ए] 500V

बी] 50V

सी] 1.5 वी

डी] 0.5V

402] एक चालक में विकसित ऊष्मा किसके समानुपाती होती है...

ए] शक्ति का वर्ग

बी] प्रतिरोध का वर्ग

C] धाराकावर्ग

डी] समय का वर्ग

403] ट्यूब लाइट सर्किट में चोक का दूसरा कार्य है...

ए] प्रारंभिक धारा को सीमित करें

बी] उच्च वोल्टेज प्रेरित

सी] फिलामेंट को गर्म करें

डी] चालूकरनेकेबादवर्तमानकोसीमितकरें

404] एक गतिमान लोहे का एमीटर 10 ए पढ़ता है] दोलन की चरम धारा कितनी बड़ी है?

ए] 7.07 ए

बी] 1.1414ए

सी] 70.7 ए

डी] 14.1 ए

405] बिजली कंपनियां पावर फैक्टर में सुधार करने में रुचि रखती हैं

ए] लाइनकरंटकमकरें

बी] मोटर दक्षता में वृद्धि

C] वोल्ट-एम्पीयर बढ़ाएँ

डी] शक्ति में कमी

406] एक RL समानांतर परिपथ में, कुल धारा के विरोध को कहा जाता है...

ए] प्रतिक्रिया

बी] प्रतिरोध

सी] एक वेक्टर योग

डी] प्रतिबाधा

407] माइक्रो एम्पीयर रेटिंग की एक अज्ञात प्रत्यक्ष धारा को मापा जाना है, आप पहले किस माप रेंज का चयन करेंगे?

ए] 20 माइक्रो amp

बी] 15 माइक्रो amp

सी] 150 माइक्रो amp

डी] 500 माइक्रो amp

408] पृथ्वी कंडक्टर के लिए जमीन के लिए एक रास्ता प्रदान करता है..

ए] लीकेजकरंट

बी] वर्तमान से अधिक

सी] उच्च वोल्टेज

डी] सर्किट वर्तमान

409] कौन सा उपकरण विद्युत धारा के ऊष्मीय प्रभाव पर कार्य करता है?

ए] गरमागरम दीपक

बी] द्विधातु थर्मोस्टेट

सी] एचआरसी फ्यूज

डी] टोस्टर

410] परिनालिका के दो टर्मिनलों को कनेक्ट करें]

ए] पिनियन

बी] ओवर रनिंग क्लच

सी] प्लंजरडिस्क

डी] क्लच

411] जब हॉर्न का बटन दबाया जाता है तो करंट प्रवाहित होकर हॉर्न में जाता है

ए] हॉर्न स्विच

बी] सोलेनॉइड कॉइल

सी] बैटरी

डी] चेसिस]

412] कोर को चुंबक में बदल देता है

ए] सोलेनॉइड स्विच

बी] सक्रिय तार (गर्म होने पर)

सी] गिट्टी प्रतिरोधी

डी] सक्रिय तार (ठंडा होने पर)

413] एक संधारित्र एक एसी मोटर लोड के पावर फैक्टर मान को बढ़ाता है जब यह जुड़ा होता है...

ए] मोटर के साथ श्रृंखला में

बी] स्टार्टर के साथ श्रृंखला में

सी] मोटरकेसमानांतर

डी] मुख्य घुमावदार के साथ श्रृंखला में

414] सिंक्रोनस मोटर जब पावर फैक्टर में सुधार के लिए इस्तेमाल किया जाना चाहिए...

ए] उत्साहित के तहत

बी] अतिउत्साहित

सी] भरी हुई

डी] बिना किसी भार के चल रहा है

415] यदि कोई वाइंडिंग मिक्सर मोटर के मेटल केस के साथ विद्युत संपर्क बनाती है तो वाइंडिंग...

ए] ग्राउंडेड

बी] खुला परिचालित

सी] शॉर्ट सर्किट

डी] ढीला जुड़ा हुआ

416] यदि रोटर का अंतिम शाफ्ट नीला हो जाता है, तो यह इस बात का संकेत है कि...

ए] स्कोरिंग

बी] ओवरहीटिंग

सी] ठंड

डी] बुरिंग

417] सीमा और फिट की बीआईएस प्रणाली में, सहिष्णुता के ग्रेड को संख्या प्रतीकों द्वारा दर्शाया जाता है और ---------- i होते हैं।

ए] सहिष्णुता के 14 ग्रेड

बी] सहिष्णुता के 16 ग्रेड

सी] सहिष्णुताके 18 ग्रेड '

डी] सहिष्णुता के 20 ग्रेड

limit fit tolarance 1

limit fit
tolerance

सीमा फिट सहिष्णुता

418] एक उत्पाद को गुणवत्ता वाला कहा जाता है जब

ए] इसका आकार और आयाम सीमा के भीतर हैं

बी] यहउपयोगकेलिएउपयुक्तहै

सी] यह बहुत अच्छा प्रतीत होता है

डी] सामग्री का चुनाव सही है

419] होल'30 +0021, 0000 और शाफ्ट 30 -0110, 0143 के बीच आवश्यक अधिकतम निकासी है

ए] 0110 मिमी '

बी] 0131 मिमी

सी] 0164 मिमी

डी] 0143 मिमी

420] एक ड्राइंग में एक आयाम 25 1002 मिमी बताया गया है सहनशीलता क्या है?

ए] +002 मिमी'

बी] +004 मिमी

सी] -002 मिमी

डी] 2500 मिमी

421] एक छेद में एक पिन लगाया जाता है पिन का सहिष्णुता क्षेत्र पूरी तरह से छेद के ऊपर होता है, प्राप्त फिट होगा?

ए] क्लीयरेंस फिट

बी] संक्रमण फिट

सी] हस्तक्षेपफिट

डी] रनिंग फिट

422] भाग के आकार को सहनशीलता दी जाती है

ए] आवश्यकअनुमेयआकारत्रुटिकेभीतरभागकाउत्पादन

बी] उत्पादन बढ़ाएँ

सी] उत्पादन घटाएं

डी] घटकों को लगभग समाप्त करें

423] निम्नलिखित में से कौन सा क्लीयरेंस संपूर्ण बुनियादी प्रणाली के अंतर्गत फिट बैठता है?

ए] 20 एच7/पी6'

बी] 2067/211

सी] ज़ोग / जीएल

डी] 20 एच / जी 11

424] बीआईएस प्रणाली के अनुसार फिट के तीन वर्ग हैं

ए] क्लीयरेंसफिट, इंटरफेरेंसफिटऔरट्रांजिशनफिट

बी] मध्यम फिट, पुश फिट और टाइट फिट

सी] फ्लैट फिट, गोल फिट और स्क्वायर फिट

डी] 'स्लाइडिंग फिट', लूज फिट और सिकुड़न फिट

425] निम्नलिखित सहिष्णुता विनिर्देशों में से किस एक का अधिकतम आयाम 20 मिमी से कम है?

ए] 20 +02,-03

बी] 20 3202

सी] 20 -02, 03 ई

डी] एम 20 +500, ~03

426] अधिकतम और न्यूनतम सीमा के बीच अंतर है -------------------------

ए] एकल मुखबिर

बी] मूल शाफ्ट

सी] निकासी

डी] सहिष्णुता

427] झाड़ी में स्वतंत्र रूप से चलने वाला 55 शाफ्ट फिट के प्रकार का होता है

ए] क्लीयरेंस फिट

बी] ड्राइविंग प्लेट

सी] संकोचनफिट

डी] उपरोक्त में से कोई नहीं

428] यह बड़े कोणों पर शक्ति के सकारात्मक संचरण की अनुमति देता है।

ए] स्लिप टाइप कपलिंग

बी] प्लेट युग्मन

सी] क्लैंप युग्मन

डी] यूनिवर्सल कपलिंग

429] यह स्वचालित रूप से बंद हो जाता है जब . टोक़ वसंत और जबड़े द्वारा उत्पन्न घर्षण से अधिक है।

ए] स्लिप टाइप कपलिंग

बी]] प्लेट युग्मन

सी] क्लैंप युग्मन

डी] यूनिवर्सल कपलिंग

430] इसका उपयोग तभी किया जा सकता है जब शाफ्ट सही संरेखण में हों।

ए] स्लिप टाइप कपलिंग

बी] प्लेट युग्मन

सी] क्लैंप युग्मन

डी] यूनिवर्सल कपलिंग

431] यह शाफ्ट के किसी भी अक्षीय आंदोलन की अनुमति नहीं देता है।

ए] स्लिप टाइप कपलिंग

बी] प्लेट युग्मन

सी] क्लैंप युग्मन

डी] यूनिवर्सल कपलिंग

432] इसका उपयोग ऑटोमोबाइल वाहनों में किया जाता है।

ए] स्लिप टाइप कपलिंग

बी] प्लेट युग्मन
सी] क्लैंप युग्मन
डी] यूनिवर्सल कपलिंग
433] व्हील हब बियरिंग्स को समायोजित करता है।
ए] किंगपिन
बी] स्प्रिंग पैड
सी] स्टबएक्सलशाफ्टभाग
डी] ट्रैक रॉड बॉल जोड़ों
434] ड्रॉ प्लेट के साथ धक्का
ए] क्लच कवर
बी] रिलीजअसर
सी] उंगलियों को छोड़ दें
डी] क्लच प्लेट
435] जोर भार लेता है
ए] क्रैंकशाफ्ट
बी] चक्का
सी] टोक़ रिंच
डी] जोरअसर
436] वितरक शाफ्ट द्वारा समर्थित है
ए] बॉल बेयरिंग
बी] खोल असर
सी] झाड़ीअसर
डी] सुई असर
संगणक:-
प्रश्न 1. निम्नलिखित में से कौन स्मृति की सबसे बड़ी इकाई है?
ए] (गीगाबाइट्स)
बी] (बाइट्स)
सी] (मेगाबाइट्स)
डी] (किलोबाइट्स)
प्रश्न 2. सॉफ्टवेयर का प्राथमिक उद्देश्य डेटा को चालू करना है।
एक वेबसाइट)
बी] (सूचना)
सी] (कार्यक्रम)
डी] (वस्तुएं)

प्रश्न 3. जीयूआई के लिए खड़ा है

ए] (ग्राफिकलयूज़रइंटरफ़ेस)

बी] (ग्रेटर यूजर इंटरफेस)

सी] (ग्राफिकल यूनियन इंटरफेस)

डी] (ग्राफिकल यूजर इंटरेस्ट)

प्रश्न 4. की-बोर्ड की जिन पर तीर होता है, कहलाती है -

ए] (फ़ंक्शन कुंजी)

बी] (नेविगेशनकुंजियाँ)

सी] (टाइपराइटर कीज़)

डी] (विशेष प्रयोजन कुंजी)

प्रश्न 5. ASSCII, EBCDIC और यूनिकोड एप्लीकेशन सॉफ्टवेयर के उदाहरण हैं

सत्य)

बी] (झूठा)

प्रश्न 6. विंडोज़ ऑपरेटिंग सिस्टम में स्क्रीन के किसी भी हिस्से को एक्सेस करने का सबसे आसान तरीका है।

कुंजीपटल)

बी] (चूहा)

सी] (माउस)

डी] (जॉयस्टिक)

प्रश्न 7. एक सॉफ्टवेयर को a . भी कहा जाता है

एक प्रक्रिया)

बी] (डेटा)

सी] (कार्यक्रम)

डी] (सूचना)

प्रश्न 8. मूल फ़ाइलें क्षतिग्रस्त या खो जाने की स्थिति में बैक प्रोग्राम उपयोग की जाने वाली फ़ाइलों की प्रतिलिपियाँ बनाते हैं।

ए] (सत्य)

बी] (झूठा)

प्र.9. माइक्रोप्रोसेसर को अक्सर CPU कहा जाता है

ए] (सत्य)

बी] (झूठा)

प्र.10. यूटिलिटी हार्ड डिस्क पर अनावश्यक फाइलों की पहचान करती है और यूजर कमांड के आधार पर उन्हें मिटा देती है।

एक बैकअप)

बी] (फ़ाइल संपीड़न)

सी] (प्रोग्राम अनइंस्टॉल करें)

डी] <u>(डिस्ककीसफाई)</u>

प्रश्न 11. इस प्रकार का सॉफ़्टवेयर आपको अधिक उत्पादक कार्यों में मदद करने के लिए डिज़ाइन किया गया है, और लगभग हर अनुशासन और व्यवसाय में व्यापक रूप से उपयोग किया जाता है।

ए] (संचार सॉफ्टवेयर)

बी] (उपयोगिता सॉफ्टवेयर)

सी] <u>(बेसिकएप्लीकेशनसॉफ्टवेयर)</u>

डी] (सिस्टम सॉफ्टवेयर)

प्रश्न 12. मिनी कंप्यूटर के रूप में भी जाना जाता है।

ए] <u>(मिडरेंजकंप्यूटर)</u>

बी] (पर्सनल डिजिटल कंप्यूटर)

सी] (मेनफ्रेम कंप्यूटर)

डी] (लैपटॉप कंप्यूटर)

प्रश्न 13. कंप्यूटर पर फास्ट गेम खेलने के लिए निम्न में से किस डिवाइस का उपयोग किया जाता है।

ए] (स्पर्श सरफेस)

बी] (टच स्क्रीन)2

सी] (ट्रैक बॉल)

डी] <u>(जॉयस्टिक)</u>

प्रश्न 14. निम्नलिखित में से किसे पोर्टेबल कंप्यूटर नहीं माना जाएगा।

ए] <u>(डेस्कटॉपकंप्यूटर)</u>

बी] (नोट बुक कंप्यूटर)

सी] (व्यक्तिगत डिजिटल सहायक)

डी] (इनमें से कोई नहीं)

प्र.15. हेडफोन एक विशिष्ट आउटपुट डिवाइस है।

ए <u>] (सच)</u>

बी] (झूठा)

प्रश्न 16. अनइंस्टॉल प्रोग्राम हमें कंप्यूटर में स्थापित अवांछित प्रोग्राम को हटाने में मदद करता है।

ए <u>] (सच)</u>

बी] (झूठा)

प्रश्न 17. स्टोरेज डिवाइस की क्षमता को आमतौर पर बाइट्स के रूप में मापा जाता है।

ए] (सच)

बी] (झूठा)

प्रश्न 18. स्टोरेज डिवाइस की क्षमता को आमतौर पर मीटर के रूप में मापा जाता है।

सत्य)

बी] (झूठा)

Q.19............. एक पॉइंटिंग डिवाइस है।

ए] (माउस)

बी] (प्रिंटर)

सी] (स्कैनर)

डी] (कीबोर्ड)

प्र.20. F1, F2 वगैरह लेबल वाली की-बोर्ड कीज को ....

ए] (फ़ंक्शनकुंजियाँ)

बी] (संख्यात्मक कुंजी)

सी] (टाइपराइटर कीज़)

डी] (विशेष प्रयोजन कुंजी)

268] डीजल चक्र में दहन होता है

ए] लगातार दबाव

बी] लगातार मात्रा "

सी] लगातार तापमान

डी] लगातार तापमान और दबाव।

269] रुडोल्फ डीजल ने एकCl.engine विकसित किया

ए] 1876

बी] 1880

सी] 1892

डी] 1930

engines5

diesel engine-valves

वाहन में इंजन

270] पर्किन्स ने 'पी' सीरीज के इंजन बनाए

ए] 1876

बी] 1880

सी] 1892

डी] <u>1930</u>

271] NA OTTO ने एक 4 स्ट्रोक साइकिल इंजन विकसित किया

ए] <u>1876</u>

बी] 1880

सी] 1892

डी] 1930

272] डगल्ड क्लर्क ने 2 स्ट्रोक साइकिल इंजन विकसित किया

ए] 1876

बी] 1880

सी] 1892

डी] 1930

273] एक क्षैतिज रेखा में सभी सिलेंडर

ए] 'वी' इंजन

बी] इनलाइनइंजन

सी] विरोध इंजन

डी] रेडियल इंजन

274] 'वी' आकार में स्थित सिलेंडर

ए] 'वी' इंजन

बी] इनलाइन इंजन

सी] विरोध इंजन

डी] रेडियल इंजन

275] सिलिंडर रेडियल रूप से स्थित हैं

ए] 'वी' इंजन

बी] इनलाइन इंजन

सी] विरोध इंजन

डी] रेडियलइंजन

307]इंजन किसके कारण कम शक्ति विकसित करता है

ए] दोषपूर्णइग्निशनटाइमिंग

बी]अत्यधिक समृद्ध मिश्रण

सी]दोषपूर्ण स्नेहन प्रणाली

डी] बहुत तंग सिलेंडर सिर

308] द्रव पर दबाव बनाता है

ए] ब्रेक पेडल

बी] मास्टरसिलेंडरपिस्टन

सी] व्हील सिलेंडर पिस्टन

डी] वितरण खंड

309] लिंकेज के माध्यम से मास्टर सिलेंडर पिस्टन को धक्का देता है।

ए] ब्रेकपेडल

बी] मास्टर सिलेंडर पिस्टन

सी] व्हील सिलेंडर पिस्टन
डी] वितरण खंड
310] पिस्टन को सक्रिय करता है
ए] पिस्टन
बी] <u>पुशरॉड</u>
सी] प्राथमिक कप
डी] चेक वाल्व
311] द्रव पर दबाव विकसित करता है
ए] <u>पिस्टन</u>
बी] पुश रॉड
सी] प्राथमिक कप
डी] चेक वाल्व

piston rings & valves7 diesel-engine-piston-rings

इंजन में पिस्टन और रिंग

312] पिस्टन का विस्थापन आयतन
ए] |.एचपी
बी] <u>बहमात्रा</u>
सी] यांत्रिक दक्षता
डी] हॉर्स पावर
313] सिलेंडर में पिस्टन के नीचे की ओर गति का प्रारंभिक बिंदु
ए] <u>टीडीसी</u>।
बी] साइकिल
सी] बीडीसी
डी] इग्निशन

314] सिलेंडर में पिस्टन के ऊपर की ओर गति का प्रारंभिक बिंदु

ए] टीडीसी

बी] साइकिल

सी] बीडीसी

डी] इग्निशन

315] द्वारा झटका रोकता है

ए] पिस्टन

बी] पिस्टन पिन

सी] कनेक्टिंग रॉड

डी] पिस्टनकेछल्ले

316] सिलेंडर में घूमता है

ए] पिस्टन

बी] पिस्टन पिन

सी] कनेक्टिंग रॉड

डी] पिस्टन के छल्ले

317] पिस्टन और कनेक्टिंग रॉड को जोड़ता है

ए] पिस्टन

बी] पिस्टनपिन

सी] कनेक्टिंग रॉड

डी] पिस्टन के छल्ले

318] बेलन में दोलन करता है

ए] पिस्टन

बी] पिस्टन पिन

सी] कनेक्टिंगरॉड

डी] पिस्टन के छल्ले

319]कनेक्टिंग रॉड के ऊपर और नीचे के हिस्सों को बोल्ट किया गया है

ए] क्रैंकशाफ्ट मैन जर्नल

बी] क्रैंकपिनजर्नल

सी] कैंषफ़्ट

डी] पिस्टन पिन बॉस

320] क्रैंकशाफ्ट मुख्य जर्नल और क्रैंक पिन के बीच एक छेद ड्रिल किया जाता है

ए] क्रैंकशाफ्ट का संतुलन

बी] क्रैंकशाफ्ट वजन कम करना

सी] स्नेहनकनेक्टिंगरॉडबेयरिंग

डी] क्रैंकशाफ्ट कंपन को कम करना

321] पारस्परिकगतिकोघूर्णनगतिमेंपरिवर्तितकरताहै

ए] क्रैंकशाफ्ट

बी] चक्का

सी] टोक़ रिंच

डी] जोर असर

322] कार्रवाई को खींचने और धक्का देने के लिए रोटरी आंदोलन

ए] वाइपर मोटर

बी] क्रैंकिंग लिंक

सी] **पिनियन**

डी] वाइपर ब्लेड

323] व्हील हब बियरिंग्स को समायोजित करता है।

ए] किंगपिन

बी] स्प्रिंग पैड

सी] स्टबएक्सलशाफ्टभाग

डी] ट्रैक रॉड बॉल जोड़ों

324] ड्रॉ प्लेट के साथ धक्का

ए] क्लच कवर

बी] रिलीजअसर

सी] उंगलियों को छोड़ दें

डी] क्लच प्लेट

325] **जोरभारलेताहै**

ए] क्रैंकशाफ्ट

बी] चक्का

सी] टोक़ रिंच

डी] जोरअसर

326]वितरक शाफ्ट द्वारा समर्थित है

ए] बॉल बेयरिंग

बी] खोल असर

सी] झाड़ीअसर

डी] सुई असर

327] ऊर्जाभंडारकरताहै

ए] क्रैंकशाफ्ट

बी] चक्का

सी] टोक़ रिंच

डी] जोर असर

328] फ्लाईव्हील रिंग के साथ संलग्न है

ए] पिनियन

बी] ओवर रनिंग क्लच

सी] सवार डिस्क

डी] क्लच

329] फ्लाईव्हील मैग्नेटो में शामिल हैं

ए] अस्थायी चुंबक

बी] बार चुंबक

सी] स्थायी चुंबक

डी] सुई चुंबक।

330] फ्लाईव्हील मैग्नेटो में, इग्निशन कॉइल है

ए] स्थिर

बी] चल रहा है

सी] घूर्णन

डी] दोलन।

331] स्थायी चुंबक को घुमाने के लिए

एक स्विच

बी] माध्यमिक कुंडल

सी]चक्का

डी] कंडेनसर

332] वाहन को उलटते समय चालक को नियंत्रित करना चाहिए

ए] क्लच

बी] फॉरवर्ड गियर

सी] त्वरक

डी] हैंड ब्रेक।

333] क्लच प्लेट असेंबली में एक सेंटर स्टील डिस्क होती है जिसमें स्प्रिंग के साथ रिवेट किया जाता है

ए] ताकत

बी] लचीलापन

सी] कम शोर

डी] झटकेअवशोषित

334] कुत्ते के चंगुल का प्रयोग किया जाता है

ए] गियरबॉक्स

बी] घर्षण चंगुल

सी] ब्रेक

डी] अंतर

dog clutches2

mmv dog clutches

वाहन में कुत्ते की पकड़

335] सिंक्रोमेश तंत्र के लिए प्रदान किया गया है

ए] वाहन की गति बढ़ाना

बी] वाहन की गति को कम करना

C] स्मूथ गियर एंगेजमेंट'

डी] उपरोक्त में से कोई नहीं।

336] केवल स्पर गियर का उपयोग किया जाता है

ए] स्लाइडिंग जाल

बी] सिंक्रोमेश

सी] डबल डिक्लचिंग

डी] स्थानांतरण मामला

437] ऑटोकैड सॉफ्टवेयर का नवीनतम संस्करण कौन सा है?

ए) 2016

बी) 2017

सी) <u>2018</u>

डी) 2019

438] ऑटोकैड में गुण पैलेट प्राप्त करने के लिए किस कुंजी का उपयोग किया जाता है?

a) <u>नियंत्रण+1</u>

b) नियंत्रण+2

c) नियंत्रण+3

d) नियंत्रण+4

439] ऑटोकैड पहली बार वर्ष में जारी किया गया था:

ए) 1858

बी) 1966

सी) 1898

डी) <u>1982</u>

440] ऑटोकैड में कितनी इकाइयाँ उपलब्ध हैं?

ए) 4

बी) <u>5</u>

सी) 7

डी) 6

441] कौन सा मोड उपयोगकर्ता को 90 ° सीधी रेखाएँ खींचने की अनुमति देता है:

a) ओस्नाप

b) <u>ऑर्थो</u>

c) रैखिक

d) ध्रुवीय ट्रैकिंग

442] समानांतर रेखाएं, संकेंद्रित वृत्त और समानांतर वक्र प्राप्त करने के लिए; __________ प्रयोग किया जाता है।

ए) ऐरे

बी) पट्टिका

सी) कॉपी

डी) <u>ऑफसेट</u>

443] X और Y दोनों दिशाओं में डिफ़ॉल्ट ग्रिड रिक्ति है:

a) <u>10</u>

b) 20

c) 5

d) 15

444] ऑटोकैड में कितने कार्यक्षेत्र उपलब्ध हैं?

ए) 2

बी) 4

सी) 3

डी) 5

445] स्केल कमांड को टाइप करके आसानी से पहुँचा जा सकता है:

ए) एसएल

बी) एस

सी) एससी

डी) सी

446] ऑब्जेक्ट को पूर्वनिर्धारित लंबाई वाले खंडों में विभाजित करने के लिए किस कमांड का उपयोग किया जाता है?

ए) डिवाइड

बी) चम्फर

सी) ट्रिम

डी) उपाय

447] एक सर्कल में कितने ग्रिप पॉइंट होते हैं?

ए) 5

बी) 4

सी) 3

डी) 2

448] 2डी में ड्राइंग करते समय, आप किस अक्ष के साथ काम नहीं करते हैं?

ए] एक्स

द्वारा

सी] ज़ू

डी] डब्ल्यूसीएस

449] मॉडल टैब और लेआउट टैब के बीच प्राथमिक अंतर _____ है।

ए] मॉडल टैब का उपयोग 3डी में ड्राइंग के लिए किया जाता है और लेआउट का उपयोग 2डी में ड्राइंग के लिए किया जाता है

बी] मॉडल टैब वह जगह है जहां आप ड्राइंग बनाते हैं और एक लेआउट टैब उस शीट का प्रतिनिधित्व करता है जिसे आप प्लॉट या प्रिंट करेंगे

सी] पृष्ठभूमि का रंग

डी] मॉडल टैब उस ड्राइंग को प्रदर्शित करता है जिससे आप कॉपी कर रहे हैं और लेआउट टैब वह जगह है जहां आप नई ड्राइंग बनाते हैं

450] निम्न में से कौन किसी वस्तु का गुण नहीं है

ए] लाइन वजन

बी] <u>उपाय</u>

सी] हाइपरलिंक

डी] ऊंचाई

451] कौन सी कमांड असतत वस्तुओं को पॉलीलाइन में परिवर्तित करती है

यूनियन

बी] घटाना

सी] शामिल हों

डी] पॉलीलाइन

452] पूरे प्रोजेक्ट को प्रिंट करने के लिए, आप यह तय करना चाहेंगे कि क्या प्लॉट करना है

एक प्रदर्शन

बी] फैलता है

सी] <u>सीमाएं</u>

डी] खिड़की

453] व्यूपोर्ट्स की उपयोगिता क्या है

ए] <u>हमें स्क्रीन या कागज पर एक ही परियोजना के विभिन्न विचारों को देखने की अनुमति देता है</u>

बी] हमें यह देखने की क्षमता दें कि परियोजनाएं हमारे से ऑटोकैड का एक नया संस्करण बन गई हैं

सी] हम योजना के एक हिस्से में बदलाव कर सकते हैं, बाकी को प्रभावित किए बिना

डी] उपरोक्त में से कोई नहीं

454] ज़ूम कमांड से स्केल कमांड में क्या अंतर है?

ए] एकल वस्तु के लिए स्केल, जबकि ज़ूम पूरी योजना

बी] कोई फर्क नहीं

सी] एच स्केल एक आकार को 10 गुना तक बढ़ा / छोटा कर सकता है, जबकि ज़ूम की कोई सीमा नहीं है

डी] <u>एच स्केल वस्तुओं के आकार को बदलता है, जबकि ज़ूम परियोजना की दृश्यता को बदलता है</u>

455] ब्लॉक एट्रिब्यूट को कब ठीक करना है

ए] <u>इससे पहले कि आप ब्लॉक को ठीक करें</u>

बी] जब मैं ब्लॉक करता हूं

सी] ब्लॉक को ठीक करने के बाद

डी] कोई फर्क नहीं पड़ता संख्या

456] आप ऑफसेट कमांड से क्या नहीं बना सकते हैं

ए] लंबवत सीधा

बी] संकेंद्रित वृत्त

C] तीन समानांतर रेखाएं

डी] समानांतर चाप

457] स्नैप बिंदु को निकटतम बिंदु पर किस प्रतीक द्वारा दर्शाता है

ए] केंद्र में मंडलियों और बिंदुओं के साथ

बी] दो त्रिकोण के साथ

सी] तीन ऑर्थोगोनल के साथ

डी] डायमंड के साथ

458] परिप्रेक्ष्य डिजाइन करने के लिए किस राज्य ग्रिड का उपयोग किया जाता है

ए] पैरामीट्रिक

बी] आइसोमेट्रिक

सी] प्रो-ऑप्टिक

डी] आयताकार

459] यदि मैं दिशा में एक रेखा खींचना चाहता हूँ तो 07:30 (स्थानीय समय) एक कोण देगा

ए] -135 डिग्री

बी] 270 डिग्री

सी] -225 डिग्री

डी] उपरोक्त में से कोई नहीं

460] जब निरपेक्ष कार्तीय निर्देशांक में बिंदु A (10.8) और B (6.5) हों, तो A -> B से सापेक्ष ध्रुवीय निर्देशांक के साथ एक रेखा बनाने के लिए लिखेंगे

ए] @ -5 <36.88

बी] @ 4 <30

सी] @ 5 <216,88

डी] @ 3 <60

461] एक ड्राइंग में परतों की न्यूनतम स्वीकार्य संख्या क्या है

ए] 0

बी] 5

सी] 1

डी] 2

462] निम्नलिखित में से कौन ऑटोकैड का कीबोर्ड शॉर्टकट नहीं है?

ए] Ctrl + पी

बी] Alt + F4

सी] Ctrl + F4

डी] ऑल्ट + बी

463] आरजीबी में हमारे पास 16,7 एम रंग क्यों हैं?

ए] क्योंकि इसलिए कोई मनुष्य को अलग कर सकता है

बी] चूंकि यह ग्राफिक्स कार्ड की सीमा है

सी] प्रत्येक रंग के लिए हमारे पास 256 रंगों और रंगों का संयोजन तीसरा है

D] क्योंकि हम PC और Macintosh के बीच संगतता चाहते हैं

464] कौन सा सेटिंग ग्रेडिएंट हमें एक खुले क्षेत्र को भरने की अनुमति देता है?

एक अन्तराल

बी] सहिष्णुता

सी] पारदर्शिता

डी] ओपन

465] बाएं से दाएं और विपरीत दिशा में विभिन्न विकल्प क्या हैं?

ए] वस्तुओं की एक अलग श्रेणी चुनें

बी] उनके रंग के अनुसार वस्तुओं का चयन करें

C] वस्तुओं का चयन उनकी स्थिति के अनुसार करें

डी] कोई अंतर नहीं

466] जूम माउस व्हील से संबंधित कौन सा है?

ए] ज़ूम इन / ज़ूम आउट

बी] पैन और स्कैन

सी] विस्तार / सभी

डी] स्केल

467] कौन सा आदेश हमें किसी स्थिति के आधार पर वस्तुओं का चयन करने की अनुमति देता है?

ए] गुण

बी] क्यूसेलेक्ट

सी] चयन करें

डी] गुण

468] एक्स अक्ष से 40 डिग्री के कोण के साथ एक यादृच्छिक रेखा कैसे बनाएं

ए] 0 <40 . लिखेंगे

बी] 2 <40 . लिखेंगे

सी] लिखेंगे 3<40

डी] 4 <40 . लिखेंगे

469] निम्न में से कौन सा फ़ाइल एक्सटेंशन ऑटोकैड नहीं खोल सकता है

ए] डीडब्ल्यूजी

बी] डीएक्सएफ

सी] डॉट

डी] डीएस

470] साइट के आयामों को मापने के लिए हेडबैंड वाला एक सर्वेक्षक, वह किसके द्वारा माप करता है

ए] कोई एक तरीका नहीं

बी] संबंधित कार्टेशियन निर्देशांक

सी] पूर्ण ध्रुवीय निर्देशांक

डी] उपरोक्त में से कोई नहीं

471] प्लाजियोस्टोमी कोण के लिए किस कमांड का उपयोग किया जाता है?

ए] चम्फर

बी] पट्टिका

सी] ऑफसेट

डी] मिरर

472] मुझे ब्लॉक एडिटर का उपयोग कब करना चाहिए

ए] टेक्स्ट ब्लॉक लिखने के लिए

बी] बाहरी ब्लॉक को ठीक करने के लिए

सी] गतिशील ब्लॉक को ठीक करने के लिए

डी] इसे ऑटोकैड के दूसरे संस्करण में स्टोर करने के लिए

473] अगर ऑटोकैड 2006 में स्टोर खोलने की योजना है तो आपको इसे सेव करना होगा

ए] ऑटोकैड 2004 डीडब्ल्यूजी

बी] ऑटोकैड 2006 डीडब्ल्यूजी

सी] ऑटोकैड 2007 डीडब्ल्यूजी

डी] उपरोक्त में से कोई नहीं

474] प्रिंट स्केल 1:50 का अर्थ है कि

ए] मसौदा मूल की तुलना में 50 गुना कम खर्चीला है

बी] ए 3 सेमी आधा मीटर के अनुरूप है

सी] एक उपाय 50 सेमी . के अनुरूप है

डी] उपरोक्त में से कोई नहीं

475] अक्षर UCS क्या करते हैं?

ए] यूनिफ़ॉर्म कैलकुलेटर सिस्टम
बी] यूनाइटेड सीएडी सिस्टम
सी] यूनिवर्सल सीएडी सेटिंग्स
डी] यूनिवर्सल कोऑर्डिनेट सिस्टम

476] दो नियमित 8-गोनन का क्या अंतर है, जो एक खुदा हुआ और दूसरा परिबद्ध वृत्त है
ए] कोई अंतर नहीं
बी] विभिन्न उद्घाटन कोण
सी] अलग पक्ष लंबाई
डी] विभिन्न भीड़ पक्ष

477] यदि सीसीडब्ल्यू माप परिणाम के दौरान 135 डिग्री का कोण देता है, तो वही सीडब्ल्यू कोण मापा जाता है
ए] 225 डिग्री
बी] -135 डिग्री
सी] -225 डिग्री
डी] 135 डिग्री

478] साहचर्य हैच क्या करता है
ए] आकार में परिवर्तन की निगरानी करता है जो भरता है
बी] अन्य हैच योजना से संबंधित है
सी] उपरोक्त दोनों
डी] उपरोक्त में से कोई नहीं

479] कमांड प्लॉट और प्रिंट में क्या अंतर है?
ए] प्लॉट कमांड केवल बड़ी योजनाओं को प्रिंट करता है
बी] सीएनसी (सीएएम) के लिए प्लॉट कमांड
सी] कोई फर्क नहीं
D] प्रिंट कमांड A3 साइज के पेपर तक प्रिंट कर सकता है

480] यदि आप पैमाने सूची को एक परियोजना में बदलते हैं जिसे मैंने 1:50 1:10 से शुरू किया है तो
ए] आपको फिर से शुरू करना होगा
बी] आपको पहले से मौजूद वस्तुओं (पैमाने) को 5 . तक नहीं बढ़ाना चाहिए
सी] अब तक की कार्यप्रणाली में आपको कुछ भी बदलने की आवश्यकता नहीं होगी

डी] <u>को नए आइटम में परिवर्तित किया जाना चाहिए जो नए पैमाने के आधार पर जुड़ जाएगा</u>

481] निम्नलिखित में से कौन लंबाई माप की इकाई नहीं है?
ए] गज
बी] पारसेक
सी] माइक्रोन
डी] <u>ग्रेड</u>

482] कमांड Wblock क्या करता है
ए] ताना-गति ब्लॉक
बी] <u>ब्लॉक लिखें</u>
सी] विंडो ब्लॉक
डी] वाइड-एरिया ब्लॉक

483] जब आप ऑटोकैड कमांड के साथ काम कर रहे हों तो आपको कहां ध्यान देना चाहिए?
ए] ड्राइंग क्षेत्र
बी] स्टेटस बार
सी] टूल बार
डी] <u>कमांड विंडो</u>

484] ध्रुवीय निर्देशांकों का उपयोग ज्यादातर ड्राइंग के लिए किया जाता है______
ए] आर्क
बी] अंडाकार
सी] <u>कोणीय रेखाएं</u>
डी] उपरोक्त में से कोई नहीं

485] एक वस्तु में कितने स्नैप अंक होते हैं?
ए] 1
बी 4
सी] 5
डी] <u>वस्तु पर निर्भर</u>

486] आयत कमांड के लिए आपको कितने बिंदुओं को परिभाषित करने की आवश्यकता है?
एक

बी] दो
सी] तीन
डी] चार
487] एक आयत में कितने ऑटोकैड ऑब्जेक्ट होते हैं?
ए] एक
बी] दो
सी] तीन
डी] चार

488] जब आप वस्तुओं के समूह का चयन कर रहे हों तो आप किसी वस्तु का चयन कैसे रद्द करेंगे?
ए] Ctrl+ हटाए जाने वाले ऑब्जेक्ट पर क्लिक करें
बी] शिफ्ट + हटाए जाने वाली वस्तु पर क्लिक करें
सी] Alt + हटाए जाने वाली वस्तु पर क्लिक करें
डी] उपरोक्त में से कोई नहीं

489] 0,5 से 5,5 तक की रेखा कितनी लंबी होगी ________
ए] 10 इकाइयां
बी] 5 इकाइयां
सी] 15 इकाइयां
डी] उपरोक्त में से कोई नहीं
490] वस्तुओं को के चारों ओर घुमाया जाता है
ए] वस्तु के नीचे
बी] आधार बिंदु
सी] वस्तु का केंद्र
डी] उत्पत्ति
491] एक ड्राइंग की उत्पत्ति at . है
ए] 0,0
बी] 1,0
सी] 0,1
डी] 1,1
492] आप एक ड्राइंग में वस्तुओं के सेट का चयन कैसे करेंगे?
ए] दाएं से बाएं खींची गई एक क्रॉसिंग विंडो द्वारा
बी] बाएं से दाएं खींची गई एक क्रॉसिंग विंडो द्वारा

सी] शिफ्ट + ऑब्जेक्ट्स पर क्लिक करना
डी] उपरोक्त में से कोई नहीं
493] फिलेट कमांड का उपयोग __________ प्राप्त करने के लिए किया जा सकता है
ए] तेज कोनों
बी] गोल कोनों
सी] उपरोक्त दोनों
डी] उपरोक्त में से कोई नहीं
494] एक ध्रुवीय सरणी नई वस्तुओं का निर्माण करती है_____
ए] ग्रिड पैटर्न में
बी] एक गोलाकार पैटर्न में
सी] एक सीधी रेखा में
D। उपरोक्त सभी
495] एक ड्राइंग में कितनी परतें होनी चाहिए?
ए] 1
बी] 2
सी] जितनी जटिलता के आधार पर
डी] उपरोक्त में से कोई नहीं
496] स्केलिंग ऑब्जेक्ट उन्हें _______ बनाते हैं
ए] छोटा
बी] बड़ा
सी] या तो छोटा या बड़ा
डी] उपरोक्त में से कोई नहीं

औद्योगिक प्रशिक्षण संस्थान

मासिक टेस्ट-1, अंक- 20, दिनांक:- __________________

(प्रत्येक प्रश्न दो अंक का होता है)

1-06] एसएस सिस्टम का लाभ है ------
ए] उत्पादकता में वृद्धि
बी] गुणवत्ता में वृद्धि
सी] समय की बर्बादी में कमी
डी] ये सभी
2-07] सुरक्षा है -----------
ए] किसी का व्यवसाय नहीं
बी] हर बॉडी बिजनेस
सी] कुछ निकायों का व्यवसाय

डी] संगठन व्यवसाय

3-08] सुरक्षा संकेतों की बुनियादी श्रेणियों के लिए उपलब्ध हैं "निषेध" चिह्न का अर्थ ----

ए] दिखाता है कि यह नहीं किया जाना चाहिए

बी] दिखाता है कि क्या किया जाना चाहिए

सी] खतरे या खतरे की चेतावनी देता है

डी] सुरक्षा प्रावधान की जानकारी देता है

4-09] कौन सी वर्कशॉप सेफ्टी है?

ए] दुकान के फर्श को साफ और ग्रीस, तेल या अन्य फिसलन सामग्री से मुक्त रखें

बी] गति बदलने से पहले मशीन बंद करो

सी] फटे या चिपके हुए औजारों का प्रयोग न करें

D] चल रही मशीन को हाथ से रोकने की कोशिश न करें

5-10] पर्सनल प्रोटेक्ट इक्विपमेंट (पीपीई) में हेल्मेट का इस्तेमाल किया जाता है

ए] सिर की रक्षा करें

बी] आंखों की रक्षा करें

सी] हाथों की रक्षा करें

डी] कानों की रक्षा करें

6-11] निम्नलिखित में से कौन सामान्य सुरक्षा से संबंधित है?

A एक कार्यकर्ता को अच्छे व्यवहार में रखें

बी] काम साफ और स्पष्ट

सी] अपने काम पर ध्यान लगाओ

डी] फर्श और गैंगवे को साफ और साफ रखें

7-12] पीसते समय आंखों की सुरक्षा के लिए किसका प्रयोग किया जाता है?

ए] गहरा हरा कांच

बी] मुखौटा

सी] धूप का चश्मा

डी] सुरक्षा चश्मा

8-13] मशीन की सुरक्षा के लिए निम्नलिखित में से क्या किया जाता है?

ए] मशीन शुरू करने से पहले तेल के स्तर की जांच करें

बी] चीजों को व्यवस्थित तरीके से करें

सी] फर्श और गैंगवे को साफ और साफ रखें

डी] डाई और स्कार्फ का प्रयोग न करें

9-14] पर्सनल प्रोटेक्ट इक्विपमेंट (पीपीई) 'स्लीव्स' का इस्तेमाल ---------- की सुरक्षा के लिए किया जाता है

एक चेहरा

बी] आंखें

सी] कान

डी] हाथ

10-15] एबीसी का मतलब --------------

ए] स्वचालित श्वास नियंत्रण

बी] स्वचालित रक्त नियंत्रण

सी] वायुमार्ग श्वास परिसंचरण

डी] स्वचालित रक्त परिसंचरण

औद्योगिक प्रशिक्षण संस्थान

मासिक टेस्ट -2, अंक- 20, तिथि:- ______________

(प्रत्येक प्रश्न दो अंक का होता है)

1-21] पेंसिल के ग्रेड का उपयोग अक्षरों को स्केच करने के लिए किया जाता है ....

ए] शंक्वाकार बिंदु

बी] छेनी बिंदु

सी] नरम

डी] कम

2-22] एकसमान मोटाई की पतली रेखाएँ खींचने के लिए पेंसिल को किस रूप में तेज किया जाना चाहिए?...

ए] छेनी का किनारा

बी] शंक्वाकार

सी] इशारा किया

डी] इनमें से कोई नहीं

3-23] उन वक्रों को खींचने के लिए क्या उपयोग किया जाता है जिन्हें कंपास द्वारा नहीं खींचा जा सकता

ए] छोटा कंपास

बी] फ्रेंच वक्र

सी] चांदा

डी] इनमें से कोई नहीं

4-24]अनावश्यक लाइनें किसके द्वारा हटा दी जाती हैं.....

ए] डस्टर

बी] सैंड पेपर ब्लॉक

ग] इरेज़र

डी] इनमें से कोई नहीं

5-25] वृत्त और चाप .....l के माध्यम से खींचे जाते हैं।

एक दिशासूचक यन्त्र

बी] विभक्त

सी] लंबी पट्टी

d]इनमें से कोई नहीं

6-26] इनकिंग पेन का उपयोग ड्राइंग में किया जाता है ......

ए] क्षैतिज रेखा

बी] गैर गोलाकार चाप

सी] लंबवत रेखाएं

डी] ये सभी

7-27] कार्ड बोर्ड स्केल ...... के सेट में उपलब्ध हैं।

ए] 7

बी] 8

ग] 6

घ] 9

8-28] 30 -60°-90° सेट स्क्वायर का सुविधाजनक लंबाई आकार स्कूल और कॉलेजों में उपयोग के लिए है......

ए] 250

बी] 200

सी] 300

डी] इनमें से कोई नहीं

9-29] ड्रॉइंग बोर्ड .... के आकार का होता है

एक वर्ग

बी] आयताकार

सी] त्रिकोणीय

डी] इनमें से कोई नहीं

10-30] 'टी' वर्ग, सेट स्क्वायर, स्केल प्रोट्रैक्टर में शिकायत का उपयोग होता है ......

ए] चांदा

बी] मिनी ड्राफ्टर

सी] वर्ग सेट करें

डी] इनमें से कोई नहीं

औद्योगिक प्रशिक्षण संस्थान

मासिक टेस्ट-3, अंक- 20, दिनांक:- ____________________

(प्रत्येक प्रश्न दो अंक का होता है)

1-36] जब षट्भुज की दो भुजाओं का क्षैतिज होना आवश्यक हो, तो समान विभाजन की सीढ़ी के लिए प्रारंभिक बिंदु ..... के अंत में होना चाहिए।

ए] क्षैतिज व्यास

बी] लंबवत व्यास

सी] झुका हुआ व्यास

घ] इनमें से कोई नहीं

2-37] यदि षट्भुज के दो पक्षों को लंबवत होना आवश्यक है, तो प्रारंभिक बिंदु अंत में होना चाहिए ....

ए] झुका हुआ व्यास

बी] क्षैतिज व्यास

सी] लंबवत व्यास

घ] इनमें से कोई नहीं

3-38] एक समतल द्वारा लम्ब वृत्तीय शंकु के अंतःखंड द्वारा शंकु की धुरी के सापेक्ष भिन्न स्थिति में प्राप्त खंड को कहा जाता है........

ए] कॉनिक्स

बी] मंडलियां

सी] त्रिकोण

घ] आधा चक्र

4-39] जब सेक्शन प्लेन अक्ष की ओर झुकता है और सभी जेनरेटर को एक तरफ एक एपेक्स पर काटता है तो सेक्शन में होता है......

ए] शंकु खंड

बी] अंडाकार

सी] परबोला

डी] हाइपरबोला

5-40] जब सेक्शन प्लेन अक्ष की ओर झुका होता है और किसी एक जनरेटर के समानांतर होता है तो सेक्शन एक ....

ए] अंडाकार

बी] परबोला

सी] हाइपरबोला

डी] साइक्लॉयड

6-41] अण्डाकार वक्र का प्रयोग है ....

ए] मेहराब

b] बांध और स्मारक

ग] मैनहोल, ग्रंथि और स्टफिंग बॉक्स

डी] ये सभी

7-42] परवलयिक वक्र का प्रयोग होता है.........

ए] पुल और मेहराब

बी] ध्वनि परावर्तक

ग] प्रकाश परावर्तक

डी] ये सभी

8-43] अतिपरवलयिक वक्र का प्रयोग है...

a] कूलिंग टावर और वाटर चैनल

बी] डेम्स

ग] पुल

डी] ये सभी

9-44] जब बिंदु वृत्त के भीतर होता है, तो वक्र को .... कहा जाता है।

ए] सुपीरियर ट्रोकोइड

बी] आंतरिक ट्रोकोइड

सी] ट्रोकोइड

डी] आइसोट्रोकॉइड

10-45] जब वृत्त के बाहर का बिंदु तब वक्र कहलाता है...

ए] आंतरिक ट्रोकोइड

बी] सुपीरियर ट्रोकोइड

सी] ट्रोकोइड

d] सुपीरियर ट्रोकॉइड

औद्योगिक प्रशिक्षण संस्थान

मासिक टेस्ट -4, अंक- 20, दिनांकः- ______________

(प्रत्येक प्रश्न दो अंक का होता है)

1-51] विलक्षणता =

ए] फोकस से एक बिंदु की दूरी / डायरेक्ट्रिक्स से बिंदु की दूरी

b] बिंदु से फोकस की दूरी / बिंदु से बिंदु की दूरी

ग] फोकस से बिंदु की दूरी / बिंदु की दिशा की दूरी

d] नियता से बिंदु की दूरी / फोकस से बिंदु की दूरी

2-52] गणितीय रूप से एक दीर्घवृत्त को समीकरण द्वारा वर्णित किया जा सकता है.....

ए] ए 2 / एक्स 2 + वाई 2 / बी 2 = 1

बी] x2 / a2 + y2 / b2

ग] x2 / a2 + y2 / b2 = 0

घ] x2 / a2 + y2 / b2 = 1

3-53] गणितीय रूप से एक परवलय को एक समीकरण द्वारा वर्णित किया जा सकता है......

a] y2 = 4ax

बी] x2 = 2ay

ग] x2 = 4ay

डी] ए और बी दोनों

4-54] गणितीय रूप से अतिपरवलय को एक समीकरण द्वारा वर्णित किया जा सकता है ......

ए] x2 /a2 - y2 /b2 = 1

बी] x2 /y2 - y2 /x2 = 0

सी] ए और बी दोनों

घ] इनमें से कोई नहीं

5-55] चक्रवात को एक समीकरण द्वारा वर्णित किया जा सकता है......

a] y = a(1-cos]

बी] एक्स = ए (Ø -सिन Ø]

सी] ए और बी दोनों

घ] इनमें से कोई नहीं

6-56] गणितीय रूप से दर्शाया गया हाइपोसाइक्लॉइड है .....

a] Y = a cos3 , X = a sin3

बी] एक्स = एक पाप3 , वाई = एक cos3

ग] X = a cos3 , Y = a sin3

घ] इनमें से कोई नहीं

7-57] गणितीय रूप से व्युत्क्रम द्वारा दर्शाया गया है

a] X = r sin Ø - r Ø cos , Y = r cos + r Ø sin

b] X = r sin + r cos , Y = r cos - r Ø sin

c] Y = r Ø cos - r sin Ø, X = r sin Ø - r Ø cos

d] X = r cos + r Ø sin , Y =r sin Ø - r Ø cos

8-58] वस्तु से तल तक की रेखाएं कहलाती हैं.......

ए] प्रोजेक्शन

बी] प्रोजेक्टर

सी] संदर्भ विमान

घ] इनमें से कोई नहीं

9-59] ऑर्थोग्राफिक प्रोजेक्शन किसी ऑब्जेक्ट को परस्पर लंबवत प्रोजेक्शन लाइनों पर व्यू द्वारा दर्शाया जाता है

ए] दो या तीन

बी] तीन या दो

ग] तीन या चार

घ] इनमें से कोई नहीं

10-60] जब प्रोजेक्टर एक दूसरे के समानांतर होते हैं और विमान के लंबवत भी होते हैं, तो प्रक्षेपण को कहा जाता है ......

ए] आइसोमेट्रिक प्रोजेक्शन

बी] परोक्ष प्रक्षेपण

सी] ऑर्थोग्राफिक प्रोजेक्शन

डी] परिप्रेक्ष्य प्रक्षेपण

औद्योगिक प्रशिक्षण संस्थान

मासिक टेस्ट -5, अंक- 20, तिथिः- _______________

(प्रत्येक प्रश्न दो अंक का होता है)

1-66] .... प्रक्षेपण की विधि संयुक्त राज्य अमेरिका और अन्य देशों में भी प्रयोग की जाती है।

ए] प्रक्षेपण का विमान

बी] ऑर्थोग्राफिक प्रोजेक्शन

ग] प्रथम-कोण प्रक्षेपण

डी] तीसरा कोण प्रक्षेपण

2-67] जब कोई वस्तु जमीन पर स्थित होती है, तो प्रथम कोण प्रक्षेपण विधि में, उसका ..... XY के साथ सह-अंदर होगा।

ए] शीर्ष दृश्य

बी] सामने का दृश्य

सी] साइड व्यू

डी] ये सभी

3-68] इस प्रक्षेपण प्रणाली का महत्वपूर्ण तत्व

ए] एक वस्तु

बी] प्रक्षेपण का विमान

ग] एक पर्यवेक्षक

डी] ये सभी

4-69] जब रेखा AB, HP के समांतर होती है तो ....

ए] यह एबी के सामने का दृश्य है

b] इसका साइड व्यू AB के बराबर है

c] यह शीर्ष दृश्य AB . के बराबर है

घ] इनमें से कोई नहीं

5-70] जब एक रेखा समतल के समानांतर होती है; इसका समतल पर प्रक्षेपण इसके बराबर है;

ए] सही लंबाई

बी] सही आकार

सी] सही आकार

घ] इनमें से कोई नहीं

6-71] वह बिंदु समांतर होता है जिसमें उस बिंदु से मिलने वाली रेखा या रेखा समतल होती है, इसे कहते हैं ......

ए] रेखा

बी] अनुपात

सी] ट्रेस

डी] इनमें से कोई नहीं

7-72] .... दो बिंदुओं के बीच की सबसे छोटी दूरी है।

ए] एक लाइन

बी] एक बिंदु

सी] एक सीधी रेखा

डी] इनमें से कोई नहीं

8-73] जब रेखा क्षैतिज तल को काटती है जिसे कहते हैं.....

ए] क्षैतिज ट्रेस

बी] लंबवत ट्रेस

सी] रेखा का निशान

डी] इनमें से कोई नहीं

9-74]विमानों को दो मुख्य प्रकारों में विभाजित किया जा सकता है ......

ए] लंबवत विमान, सहायक विमान

बी] लंबवत विमान, तिरछा विमान

सी] सहायक विमान, लंबवत विमान

डी] इनमें से कोई नहीं

10-75] वे विमान जो संदर्भ तल की ओर झुके होते हैं, कहलाते हैं......

ए] सहायक विमान

बी] तिरछा विमान

सी] लंबवत विमान

डी] चित्र विमान

औद्योगिक प्रशिक्षण संस्थान

मासिक टेस्ट -6, अंक- 20, तिथि:- _______________

(प्रत्येक प्रश्न दो अंक का होता है)

1-81] आधारों के केन्द्रों को मिलाने वाली प्रिज्म की काल्पनिक रेखा कहलाती है ....

ए] चेहरे

बी] अक्ष

सी] एपेक्स

डी] बेस

2-82] एक दायीं और नियमित प्रिज्म की धुरी होती है....... आधारों तक

ए] समानांतर

बी] लंबवत

सी] झुका हुआ

घ] इनमें से कोई नहीं

3-83] जब एक पिरामिड या शंकु को उसके आधार के समांतर समतल द्वारा काटा जाता है और इस प्रकार शीर्ष भाग को हटा दिया जाता है, तो शेष भाग को कहा जाता है ....

गोला

बी] शंकु

सी] सिलेंडर

डी] फ्रस्टम

4-84] तिरछे बेलन और शंकु के आधार पर कुल्हाड़ियाँ होती हैं

ए] झुका हुआ

बी] समानांतर

सी] लंबवत

डी] ये सभी

5-85] जमीन पर और एक दूसरे के संपर्क में दो बराबर गोले का प्रक्षेपण, केंद्र के समानांतर में शामिल होने वाली रेखा के साथ ....

ए] एक वी पी

बी] वीपी

सी] एचपी

डी] ये सभी

6-86] दूसरे तल पर खंड के प्रक्षेपण, जिस पर वह झुका हुआ है, कहलाता है ......

ए] सेक्शन प्लेन

बी] स्पष्ट खंड

c] गोले का सही आकार

घ] इनमें से कोई नहीं

7-87] जब सेक्शन प्लेन एचपी या जमीन के समानांतर होता है, तो सेक्शन का सही आकार .... में दिखाई देगा।

ए] सामने का दृश्य

बी] साइड व्यू

ग] शीर्ष दृश्य

डी] ये सभी

8-88] ठोस की सतह को एक समतल पर बिछाया जाता है, जो आकृति प्राप्त होती है, उसे उसकी .... कहा जाता है।

ए] इंटरपेनेट्रेशन

बी] विकास

ग] चौराहा

घ] इनमें से कोई नहीं

9-89] सतहों का विकास आवश्यक है ....

ए] फाउंड्री की दुकान

बी] शीट मेटल वर्क

ग] फिटिंग की दुकान

घ] इनमें से कोई नहीं

10-90] संक्रमण के टुकड़ों में विकास की किस पद्धति का उपयोग किया जाता है?

ए] समानांतर व्यास

बी] रेडियल लाइन विधि

सी] त्रिभुज विधि

डी] अनुमानित विधि

औद्योगिक प्रशिक्षण संस्थान

मासिक टेस्ट-7, अंक- 20, दिनांक:- ____________________

(प्रत्येक प्रश्न दो अंक का होता है)

1-96] इंजीनियरिंग अभ्यास में, निर्मित वस्तुओं में घटक भाग हो सकते हैं, जिनकी सतहें एक दूसरे को प्रतिच्छेदन की रेखाओं में प्रतिच्छेद करती हैं।

ए] लाइन्स

बी] शंकु

सी] सिलेंडर

डी] प्रिज्म

2-97] अंतःक्रिया की रेखा ...... की प्रकृति पर निर्भर हो सकती है।

ए] चौराहे की सतह

b] ठोसों को प्रतिच्छेद करना

ग] प्रतिच्छेदन शंकु

घ] इनमें से कोई नहीं

3-98] दो समतल सतह एक ...... रेखा में प्रतिच्छेद करती हैं

ए] वक्र

बी] सीधे

सी] विमान

डी] ये सभी

4-99] दो घुमावदार सतह के बीच या .... सतह और एक घुमावदार सतह के बीच प्रतिच्छेदन की रेखा एक वक्र है।

ए] एक घुमावदार

बी] एक विमान

सी] एक ठोस

घ] इनमें से कोई नहीं

5-100] जब एक ठोस पूरी तरह से दूसरे ठोस में प्रवेश करता है तो प्रतिच्छेदन की दो रेखाएँ होंगी। इन रेखाओं को कभी-कभी रेखा या .... कहा जाता है।

ए] इंटरपेनेट्रेशन की रेखा

बी] इंटरपेनेट्रेशन की वक्र

ग] अंतःप्रवेश के ठोस

डी] ये सभी

6-101] प्रवेश वक्र का उपयोग है ......

ए] शीट मेटल वर्क

बी] फिटिंग की दुकान

ग] निर्माण कार्य

d] फाउंड्री की दुकान

7-102] दो अंतःप्रवेश की सतह के बीच प्रतिच्छेदन की रेखा निर्धारित करने के तरीके ....

ए] अनुमानित विधि और रेडियल लाइन विधि

बी] लाइन विधि और काटने विमान विधि

ग] त्रिभुज विधि और समानांतर रेखा विधि

घ] इनमें से कोई नहीं

8-103] अंतर्प्रवेश का उदाहरण है.......

a] दो प्रिज्म चौराहा

बी] सिलेंडर और प्रिज्म चौराहे

सी] शंकु और सिलेंडर चौराहे

डी] ये सभी

9-104] दो सिलिंडरों का चौराहा किसका उदाहरण है?...

ए] चौराहे

बी] इंटरपेनेट्रेशन

ग] शंकु चौराहा

घ] इनमें से कोई नहीं

10-105] .... उदाहरणात्मक समस्याओं को हल करते समय विधि को विस्तार से समझाया गया है

ए] लाइन विधि

बी] रेडियल लाइन विधि

सी] विमान विधि काटना

डी] समानांतर रेखा विधि

औद्योगिक प्रशिक्षण संस्थान

मासिक टेस्ट -8, अंक- 20, तिथि:- ______________

(प्रत्येक प्रश्न दो अंक का होता है)

1-111] दीर्घवृत्त की प्रमुख धुरी .... से लंबी होती है।

a] वृत्त की त्रिज्या

बी] सही व्यास

ग] वृत्त का व्यास

घ] इनमें से कोई नहीं

2-112] ...... का उपयोग करके आइसोमेट्रिक दृश्य को चित्रित करने का अभ्यास करता है।

ए] आइसोमेट्रिक प्लेन

बी] सममितीय रेखाएं

सी] आइसोमेट्रिक ग्राफ

डी] आइसोमेट्रिक व्यू

3-113] परवलयिक वक्र का प्रयोग है

ए] ध्वनि परावर्तक

बी] बांध

ग] बॉयलर का मैन होल

d] ग्लैंड एंड स्टफिंग बॉक्स

4-114] जब सेक्शन प्लेन झुका होता है तो सेक्शन का सही आकार होता है

ए] एवीपी

बी] वीपी

सी] एचपी

डी] ए / पी

5-115] जब सेक्शन प्लेन एचपी और वीपी दोनों के लंबवत होता है तो सेक्शन का सही आकार

ए]शीर्ष दृश्य

बी] साइड व्यू

ग] सामने का दृश्य

घ] इनमें से कोई नहीं

6-116] जब सहायक विमानों पर प्रक्षेपित दृश्य कहलाता है

ए] सहायक दृश्य

बी अनुभागीय दृश्य

ग] सामने का दृश्य

घ] इनमें से कोई नहीं

7-117] किसी वस्तु के अदृश्य लक्षणों को किसके द्वारा दर्शाया जाता है?

ए] रूपरेखा

बी] चेन लाइन्स

सी] छिपी हुई रेखाएं

घ] इनमें से कोई नहीं

8-118] के लिए ड्राइंग पर अनुभागीय दृष्टिकोण का महत्व

ए] आंतरिक विवरण

बी] बाहरी विवरण

सी] हैचिंग

घ] इनमें से कोई नहीं

9- 119] घटक को एक सीधे काटने वाले विमान द्वारा काटा जाता है जिसे दो भागों में विभाजित किया जाता है

ए] आधा खंड

बी] पूर्ण खंड

ग] ऑफसेट अनुभाग

d] हटाया गया अनुभाग

10-120] सेक्शन लाइन के दो अलग-अलग हिस्से (टुकड़े) संपर्क में होने चाहिए...

ए] एक ही दिशा

बी] विपरीत दिशा

सी]समानांतर दिशा

घ] इनमें से कोई नहीं

औद्योगिक प्रशिक्षण संस्थान

मासिक टेस्ट-9, अंक- 20, दिनांक:- ________________

(प्रत्येक प्रश्न दो अंक का होता है)

1-126] आइसोमेट्रिक प्रक्षेपण के अनुपात में कम हो गया है

ए] v2:v3

बी] v3:v2

ग] 1:v2

डी] इनमें से कोई नहीं

2-127] जब तीन इकाइयों में माप की आवश्यकता होती है तो पैमाने का उपयोग किया जाता है।...

ए] पूर्ण पैमाने

बी] सादा पैमाना

सी] आधा स्केल

डी] इनमें से कोई नहीं

3-128]आइसोमेट्रिक प्रोजेक्शन के बारे में उत्पादन में आइसोमेट्रिक ड्राइंग बड़ा है...

ए] 22.5%

बी] 0.815

सी] 9/11

डी] इनमें से कोई नहीं

4-129] जबकि गोलाकार भागों के आइसोमेट्रिक का उपयोग किया जाना चाहिए....... का उपयोग किया जाना चाहिए।

ए] पूर्ण पैमाने

बी] सममितीय लंबाई

सी] सही लंबाई

डी] आधा स्केल

5-130] जब वृत्त को सममितीय पैमाने से खींचा जाता है तो दीर्घवृत्त के दीर्घ अक्ष की लंबाई ....

ए] सच व्यास

बी] आइसोमेट्रिक व्यास

सी] आइसोमेट्रिक व्यास

डी] इनमें से कोई नहीं

6-131] आइसोमेट्रिक व्यू में जिसमें बड़ी संख्या में गैर-आइसोमेट्रिक लाइनें होती हैं, किस विधि का उपयोग किया जाता है

ए] बॉक्स विधि

बी] ऑफ-सेट विधि

सी] समन्वय विधि

डी] केंद्र लेआउट विधि

7-132] जब चित्र वस्तु के वास्तविक आकार से छोटा खींचा जाता है .....

ए] पूर्ण पैमाने

बी] विस्तार पैमाने

सी] स्केल कम करना

डी] इनमें से कोई नहीं

8-133] जब e=1 वक्र कहलाता है.....

ए] परवलय

बी] अतिपरवलय

सी] अंडाकार

डी] इनमें से कोई नहीं

9-134]आइसोमेट्रिक ड्राइंग के साथ तुलना करें, तिरछे प्रक्षेपण का लाभ है...

ए] सामने का चेहरा सही आकार में है

बी] दो अक्ष हमेशा एक दूसरे के लंबवत होते हैं

ग] आवर्ती अक्ष को कुछ सुविधाजनक कोणों पर लिया जाता है

डी] इनमें से कोई नहीं

10-135] यदि सभी आवर्ती किनारों को सही लंबाई में खींचा जाता है तो तिरछा प्रक्षेपण कहलाता है...

ए] कैविलियर प्रोजेक्शन

बी] कैबिनेट प्रक्षेपण

ग] सामान्य प्रक्षेपण

डी] इनमें से कोई नहीं

औद्योगिक प्रशिक्षण संस्थान

मासिक टेस्ट-10, अंक- 20, दिनांकः- ________________

(प्रत्येक प्रश्न दो अंक का होता है)

1-141] षट्कोणीय तल के सममितीय दृश्य में षट्भुज की सभी भुजाएँ होती हैं .....

ए] बराबर लंबाई

बी] असमान लंबाई

ग] इनमें से कोई नहीं

2-142] जब सभी फलक समान और नियमित हों तो बहुफलक कहलाता है....

नियमित

बी] प्रिज्म

ग] अनियमित

डी] पिरामिड

3-143] तिरछे प्रिज्म और पिरामिड में ......

a] आधार से लंबवत अक्ष

बी] धुरी आधार की ओर झुकी हुई है

ग] एचपी की ओर झुके हुए चेहरे

डी] इनमें से कोई नहीं

4-144] इकोसाहेड्रोन में समान समबाहु त्रिभुजाकार फलक होते हैं

ए] 12

बी] 8

ग] 20

घ] 6

5-145] जब किसी पिरामिड या शंकु को उसके आधार के समांतर समतल द्वारा काटा जाता है तो उसे कहते हैं.....

ए] पिरामिड

b] कार्टेड हो गया

ग] कुंठा

डी] इनमें से कोई नहीं

6-146] वह तल जो दोनों संदर्भ तलों की ओर झुकता है, कहलाता है ......

ए] तिरछा विमान

बी] लंबवत विमान

सी] झुका हुआ विमान

डी] इनमें से कोई नहीं

7-147] जब एचपी के समानांतर और वीपी के लंबवत रेखा ट्रेस लाइन होती है .....

ए] वीटी

बी] एचटी

सी] कोई निशान नहीं

डी] वीटी और एचटी

8-148] जब एक रेखा VP के समानांतर और HP की ओर झुकी हो, तो रेखा की सही लंबाई में.....

ए] सामने का दृश्य

बी] शीर्ष दृश्य

सी] साइड व्यू

डी] इनमें से कोई नहीं

9-149] जब बिंदु सामने के चतुर्थांश में स्थित हो

a] HP के ऊपर और VP के सामने

b] HP के नीचे और VP के सामने

सी] वीपी के पीछे और एचपी से ऊपर

d] HP के नीचे और VP के पीछे

10-150] बिंदु "बी" का चतुर्थांश एचपी से 15 मिमी ऊपर और वीपी के पीछे 25 मिमी का पता लगाएं

ए] मैं स्टू

बी] तृतीय आरडी

सी] III थ

घ] द्वितीय और

औद्योगिक प्रशिक्षण संस्थान

मासिक टेस्ट-11, अंक- 20, दिनांकः- ____________________

(प्रत्येक प्रश्न दो अंक का होता है)

1-क्यू.1। निम्नलिखित में से कौन स्मृति की सबसे बड़ी इकाई है?

ए] (गीगाबाइट्स)

बी] (बाइट्स)

सी] (मेगाबाइट्स)

डी] (किलोबाइट्स)

2-क्यू.2। सॉफ्टवेयर का प्राथमिक उद्देश्य डेटा को चालू करना है।

एक वेबसाइट)

बी] (सूचना)

सी] (कार्यक्रम)

डी] (वस्तुएं)

3-क्यू.3। जीयूआई के लिए खड़ा है

ए] (ग्राफिकल यूजर इंटरफेस)

बी] (ग्रेटर यूजर इंटरफेस)

सी] (ग्राफिकल यूनियन इंटरफेस)

डी] (ग्राफिकल यूजर इंटरेस्ट)

4-क्यू.4। की-बोर्ड की जिन पर तीर होता है, कहलाती है -

ए] (फ़ंक्शन कुंजी)

बी] (नेविगेशन कुंजी)

सी] (टाइपराइटर कीज़)

डी] (विशेष प्रयोजन कुंजी)

5-क्यू.5। ASSCII, EBCDIC और यूनिकोड एप्लीकेशन सॉफ्टवेयर के उदाहरण हैं

सत्य)

बी] (झूठा)

6-क्यू.6। विंडोज़ ऑपरेटिंग सिस्टम में स्क्रीन के किसी भी हिस्से को एक्सेस करने का सबसे आसान तरीका है।

कुंजीपटल)

बी] (चूहा)

सी] (माउस)

डी] (जॉयस्टिक)

7-क्यू.7। एक सॉफ्टवेयर को a . भी कहा जाता है

एक प्रक्रिया)

बी] (डेटा)

सी] (कार्यक्रम)

डी] (सूचना)

8-क्यू.8। मूल फ़ाइलें क्षतिग्रस्त या खो जाने की स्थिति में बैक प्रोग्राम उपयोग की जाने वाली फ़ाइलों की प्रतिलिपियाँ बनाते हैं।

सत्य)

बी] (झूठा)

9-क्यू.9। माइक्रोप्रोसेसर को अक्सर CPU कहा जाता है

सत्य)

बी] (झूठा)

10-क्यू.10. यूटिलिटी हार्ड डिस्क पर अनावश्यक फाइलों की पहचान करती है और यूजर कमांड के आधार पर उन्हें मिटा देती है।

एक बैकअप)

बी] (फ़ाइल संपीड़न)

सी] (प्रोग्राम अनइंस्टॉल करें)

डी] (डिस्क क्लीन अप)

औद्योगिक प्रशिक्षण संस्थान

मासिक टेस्ट-12, अंक- 20, दिनांक:- ____________________

(प्रत्येक प्रश्न दो अंक का होता है)

1-486] आयत कमांड के लिए आपको कितने बिंदुओं को परिभाषित करने की आवश्यकता है?

एक

बी] दो

सी] तीन

डी] चार

2-487] एक आयत में कितने ऑटोकैड ऑब्जेक्ट होते हैं?

एक

बी] दो

सी] तीन

डी] चार

3-488] जब आप वस्तुओं के समूह का चयन कर रहे हों तो आप किसी वस्तु का चयन कैसे रद्द करेंगे?

ए] Ctrl+ हटाए जाने वाले ऑब्जेक्ट पर क्लिक करें

बी] शिफ्ट + हटाए जाने वाली वस्तु पर क्लिक करें

सी] Alt + हटाए जाने वाली वस्तु पर क्लिक करें

डी] उपरोक्त में से कोई नहीं

4-489] 0,5 से 5,5 तक की रेखा कितनी लंबी होगी __________

ए] 10 इकाइयां

बी] 5 इकाइयां

सी] 15 इकाइयां

डी] उपरोक्त में से कोई नहीं

5-490] वस्तुओं को के चारों ओर घुमाया जाता है

ए] वस्तु के नीचे

बी] आधार बिंदु

सी] वस्तु का केंद्र

डी] उत्पत्ति

6-491] एक चित्र का मूल यहाँ है

ए] 0,0

बी] 1,0

सी] 0,1

डी] 1,1

7-492] आप एक ड्राइंग में वस्तुओं के सेट का चयन कैसे करेंगे?

ए] दाएं से बाएं खींची गई एक क्रॉसिंग विंडो द्वारा

बी] बाएं से दाएं खींची गई एक क्रॉसिंग विंडो द्वारा

सी] शिफ्ट + ऑब्जेक्ट्स पर क्लिक करना

डी] उपरोक्त में से कोई नहीं

8-493] फिलेट कमांड का उपयोग __________ प्राप्त करने के लिए किया जा सकता है

ए] तेज कोनों

बी] गोल कोनों

सी] उपरोक्त दोनों

डी] उपरोक्त में से कोई नहीं

9-494] एक ध्रुवीय सरणी नई वस्तुओं का निर्माण करती है_____

ए] ग्रिड पैटर्न में

बी] एक गोलाकार पैटर्न में

सी] एक सीधी रेखा में

D। उपरोक्त सभी

10-495] एक ड्राइंग में कितनी परतें होनी चाहिए?

ए] 1

बी] 2

सी] जितनी जटिलता के आधार पर

डी] उपरोक्त में से कोई नहीं

www.ingramcontent.com/pod-product-compliance
Ingram Content Group UK Ltd.
Pitfield, Milton Keynes, MK11 3LW, UK
UKHW021911190726
13853UKWH00002B/614